SANDRA SCHUMANN

30 MINUTEN KUCHEN

Inhalt

Vorwort 5

Kuchen ohne Schnickschnack 6
Emergency-Cakes 14

Ofenfreie Zone 30
Baking-Hacks 44

Die schnellen Minimalisten 52
Backen ohne Waage 58

All-Ready-Cakes 70
Mehr Baking-Hacks 90

Kleine Naschereien 96
Verpackungen DIY 118

Register 124
Impressum 128

Schnell, schneller ... Kuchen!

Auch leidenschaftlichen Bäckern sitzt manchmal die Zeit im Nacken. Die beste Freundin steht vor der Tür und braucht ganz dringend eine Schoko-Aufmunterung, die Kinder wollen am verregneten Sonntag unbedingt Kuchen backen, oder Pauls Geburtstag ist doch schon heute – Gründe für »Back-Notfälle« gibt es genug.

Zum Glück lässt sich auch mit wenig Zeit und einem fast leeren Kühlschrank so einiges zaubern. In diesem Buch findest Du Rezepte für einfache, rasante Backabenteuer – in einem halben Stündchen von »Start« bis »Kuchen«! Überrasch Deine Freunde mit einem Express-Limo-Kuchen, einer holprigen Knusperkeks-Rocky-Road oder einer Popcorn-Torte. Neben extraschnellen »Kuchen ohne Schnickschnack« gibt es für chronisch leere Kühlschranke die »Minimalisten«: Rezepte mit zwei bis fünf Zutaten. Lieber cool bleiben beim Backen? In der »ofenfreien Zone« findest Du schnelle Rezepte für Kuchen, die aus der Kälte kommen.

Was fehlt dem cleveren Bäcker noch zum Kuchenglück? Na, ganz klar: die besten Baking-Hacks und neue Ideen für schnelle Deko und Verpackungen. So wird auch der Last-Minute-Geburtstagskuchen ein voller Erfolg!

Viel Spaß beim Backen und beim Chaosmanagement,

Eure

Sandra Schumann

Kuchen ohne Schnickschnack

Supereinfach und schnell im Ofen!

Ein Tag ohne Kuchen? Ein schrecklicher Gedanke! Damit's jetzt jederzeit was Süßes gibt: Hier kommen Kuchen, die ohne Aufwand ruck, zuck auf dem Tisch stehen. Für zackige Bäcker!

35 MINUTEN

Dump-Cake
mit Heidelbeeren

Einfach alle Zutaten in die Backform werfen?
Genau so einfach funktioniert der Dump-Cake!

Zum Löffeln: *12 Portionen* / **Zubereitungszeit:** *5 Min.* / **Backzeit:** *30 Min.*
Pro Portion: *215 kcal / 2 g E / 6 g F / 39 g KH*

1 Dose Ananas (geraspelt und gezuckert; 278 g)
125 g Heidelbeeren
1 Pck. Backmischung (z. B. Dr. Oetker Zitronenkuchen; 375 g)
75 g Butter

Außerdem:
runde Auflaufform (24 cm ⌀)

1 Den Backofen auf 180° vorheizen. Die Ananasraspel mit dem Saft aus der Dose in die Auflaufform geben. Die Heidelbeeren vorsichtig waschen, trocken tupfen und dazugeben.

2 Die Backmischung aus der Tüte ohne weitere Zutaten darübergeben und mit den Ananasraspeln und den Beeren grob vermischen.

3 Die Butter in der Mikrowelle oder in einem Topf bei kleiner Hitze schmelzen und über dem Teig verteilen.

4 Den Dump-Cake im heißen Ofen (Mitte) ca. 30 Min. backen und anschließend am besten mit Löffeln servieren.

35 MINUTEN

Magic Cake
mit Nuss-Nugat-Creme

Ein Teig, drei Schichten – oben knusprig, in der Mitte cremig, unten ein leckerer Flan. Simsalabim!

200 ml Milch
3 EL Haselnuss-
  Nugat-Creme
60 g Butter
2 Eier (S)
70 g Zucker
60 g Mehl
Salz

Außerdem:
kleine Springform
(15 cm ⌀)

1 Den Backofen auf 180° vorheizen. Die Form mit Backpapier auslegen, sodass der Spalt zwischen Rand und Boden verschlossen ist. Das Papier eventuell doppelt falten.

2 Die Milch und die Nuss-Nugat-Creme in einem Topf erhitzen, dabei mit einem Schneebesen umrühren.

3 Die Butter in der Mikrowelle oder in einem Topf bei kleiner Hitze schmelzen. Die Eier trennen.

Zum Verzaubern: *4 Stücke* / **Zubereitungszeit:** *10 Min.* / **Backzeit:** *25 Min.*
Pro Stück: *375 kcal / 7 g E / 21 g F / 39 g KH*

4 Die Eiweiße steif schlagen. Die Eigelbe und den Zucker mit den Rührbesen des Handrührgerätes cremig rühren. Butter, Nugat-Milch, Mehl und 1 Prise Salz untermischen. Den Eischnee mit einem Teigschaber in mehreren Portionen grob unterheben, nicht komplett untermischen.

5 Den Teig in die Form gießen und im heißen Ofen (Mitte) ca. 25 Min. backen. Der Kuchen ist dann noch etwas weich in der Mitte. Vor dem Anschneiden abkühlen lassen.

speed-TIPP

Die Schoko-Milch lässt sich noch schneller in der Mikrowelle herstellen: Dazu Milch und Nuss-Nugat-Creme in eine geeignete Schüssel geben und ca. 30 Sek. bei maximaler Power erwärmen. Einmal mit dem Löffel umrühren. Fertig!

30 MINUTEN

Peanutbutter-Pie
mit Lieblingskeksen

Schokolade, Kekse und Erdnusscreme – drei gute Argumente für diesen Kuchen!

Zum Genießen: *8 Portionen* / **Zubereitungszeit:** *30 Min.* / **Backzeit:** *0 Min.*
Pro Stück: *425 kcal / 8 g E / 31 g F / 30 g KH*

100 g weiche Butter
175 g gefüllte Schoko-Kekse (z. B. Oreo-Kekse)
65 g Puderzucker
175 g Erdnusscreme
75 g Zartbitter-Schokolade (70 % Kakaogehalt)
35 g Sahne

Außerdem:
Tarteform (20 cm ⌀)

1 Die Hälfte der Butter in der Mikrowelle oder einem Topf bei kleiner Hitze schmelzen. Die Kekse samt Füllung mit einer Küchenmaschine fein zerkrümeln und mit der Butter mischen. Den krümeligen Teig in die Form drücken, sodass Boden und Rand gleichmäßig bedeckt sind. Den Teig mit Form ca. 5 Min. im Tiefkühlfach kalt stellen.

2 Die restliche Butter mit Puderzucker und Erdnusscreme mit einem Schneebesen verrühren und gleichmäßig auf dem gekühlten Boden verteilen. Alles erneut ca. 5 Min. im Tiefkühlfach kalt stellen.

3 Inzwischen die Schokolade grob zerteilen und in eine Schüssel geben. Die Sahne aufkochen und darübergießen. Beides nach ca. 3 Min. mit dem Schneebesen durchrühren. Die Mischung auf die Erdnusscreme gießen und glatt streichen. Den Pie weitere 5 Min. kalt stellen.

EMERGENCY-CAKES

Die schönsten Anlässe, um Kuchen zu backen, sind ganz klar Geburtstage. Aber wer hat die Daten schon immer alle im Kopf? Für Rettung in letzter Sekunde hier ein paar ganz schnelle Rezepte von Keks bis Kuchen.

HAPPY Birthday!

6 Butterkekse (75 g)
10 Erdbeeren
100 g Frischkäse
4 EL Zucker (60 g)
bunte Streusel

Die Kekse grob zerkrümeln und in ein kleines, breites Glas (ca. 200 ml Inhalt) füllen. Die Erdbeeren waschen, entkelchen und klein schneiden. Den Frischkäse mit dem Zucker verrühren und in einen Spritzbeutel mit Sterntülle füllen. Die Erdbeeren auf den Kekskrümeln verteilen und die Frischkäsecreme aufspritzen. Den kleinen Kuchen im Glas mit Streuseln und einer Geburtstagskerze dekorieren.

10 MINUTEN

COOKIES DIY-Mix

125 g Mehl | 1 Prise Salz
½ TL Backpulver
50 g gehackte Nusskerne
120 g Zucker
je 50 g gehackte weiße und Zartbitter-Schokolade

Alle Zutaten in ein Glas (ca. 500 ml Inhalt) schichten, das Glas schließen. Rezept aufschreiben und anhängen. REZEPT COOKIES: Die Backmischung aus dem Glas mit 100 g Butter verkneten. Aus der Masse kleine Kugeln rollen, auf einem mit Backpapier belegten Blech verteilen und flach drücken. Die Cookies ca. 12 Min. im vorgeheizten Ofen (Mitte) bei 180° backen.

15 MINUTEN

EXPRESS-Kekse

1 Pck. Mürbeteig (ca. 400 g; Kühlregal)
5 EL rote Konfitüre (z. B. Erdbeer oder Himbeer)

Den Mürbeteig entrollen und mit der Konfitüre bestreichen. Dann den Teig zu einer festen Rolle zusammenrollen und diese in ca. 1 cm breite Stücke schneiden. Die Stücke mit etwas Abstand nebeneinander auf ein mit Backpapier belegtes Blech legen und leicht andrücken. Die Express-Kekse in 10–12 Min. im vorgeheizten Ofen (Mitte) bei 180° goldbraun backen.

15 MINUTEN

speed-TIPP

Auf kleine Portionen setzen! Je größer ein Kuchen, desto länger die Backzeit. Wer oft wenig Zeit hat, sollte in kleine Backformen investieren. Darin backt sich's schneller! Meist müssen die Teigrezepte einfach nur halbiert werden.

NO-BAKE-Brownies

50 g Walnusskerne
75 g Mandeln
200 g getrocknete Datteln
55 g Kakaopulver | Salz
3 EL gesüßte Kondensmilch
75 g weiche Butter
150 g Puderzucker

Walnüsse, Mandeln, Datteln, 25 g Kakaopulver und 1 Prise Salz in der Küchenmaschine zu einer feinen Masse pürieren. In eine eckige Form füllen und gut andrücken. Übriges Kakaopulver mit der Kondensmilch mischen und mit der Butter cremig rühren. Den Puderzucker unterrühren. Die Creme gleichmäßig auf der Walnussmischung verteilen.

NO-FUSS-Cookies

1 Ei (M)
2 EL Haselnuss-Nugat-Creme
2 EL Mehl

Das Ei und die Nuss-Nugat-Creme mit dem Mehl zu einem Teig verrühren. Den Teig mit einem Löffel in vier Portionen auf einem mit Backpapier belegten Backblech verteilen, dabei genügend Abstand zwischen den Häufchen lassen. Die Cookies ca. 6 Min. im vorgeheizten Ofen (Mitte) bei 200° backen.

BREZEL-Geister

10 Salzbrezeln
10 g weiße Schokolade
20 Zuckeraugen

Die Salzbrezeln auf ein mit Backpapier belegtes Backblech legen. Nach Geschmack vorher etwas Salz entfernen. Die Schokolade schmelzen und in einen kleinen TK-Beutel füllen. Ein kleines Loch in eine Beutelspitze schneiden. Die Schokolade in dünnen Streifen herausdrücken und damit die Brezeln verzieren. Dann die Zuckeraugen aufkleben und alles trocknen lassen.

30 MINUTEN

Erdbeertarte
Sommer trifft Schoki

Frische Erdbeeren und reichlich Schokolade – mein Sommernachtstraum!

Zum Vernaschen: *6 Stücke* / **Zubereitungszeit:** *15 Min.* / **Kühlzeit:** *15 Min.* / **Backzeit:** *0 Min.*
Pro Stück: *725 kcal / 9 g E / 51 g F / 57 g KH*

250 g Erdbeeren
100 g Butter
300 g Schoko-Kekse
200 g Vollmilch-Schokolade
100 g Zartbitter-Schokolade (mind. 70 % Kakaogehalt)
150 g Sahne

Außerdem:
kleine eckige Backform (20 × 20 cm)

1 Die Erdbeeren vorsichtig waschen, trocken tupfen, entkelchen und halbieren. Die Erdbeeren beiseitestellen.

2 Für den Tarteboden die Butter in der Mikrowelle oder einem Topf bei kleiner Hitze schmelzen. Die Schokoladenkekse in der Küchenmaschine fein zerkleinern und mit der Butter mischen. Die Mischung in die Backform drücken, sodass ein fester, glatter Boden entsteht.

3 Beide Schoko-Sorten grob hacken und in eine Schüssel geben. Die Sahne aufkochen und über die Schokolade gießen. Nach ca. 5 Min. mit dem Schneebesen rühren, bis eine gleichmäßige Masse entsteht. Die Schokomischung auf den Kuchenboden gießen und glatt streichen. Die beiseitegestellten Erdbeeren darauf verteilen. Die Erdbeertarte vor dem Servieren 10–15 Min. im Tiefkühlfach kalt stellen.

speed-TIPP

Für einen schnellen weißen Kuchenguss 300 g weiße Schokolade hacken, 125 g Sahne aufkochen, darübergießen. 3 Min. stehen lassen, dann mit einem Schneebesen glatt rühren. Mit einem Löffel auf der Tarte verteilen.

30 MINUTEN

Sheet-Cake
mit Mandeln

Schnell gemacht – und optimal auch für eine große Mannschaft!

1 Bio-Limette
175 g weiche Butter
2 Eier (M)
100 g saure Sahne
125 g Zucker
250 g Mehl
2 TL Backpulver
250 g Puderzucker
75 g Mandeln

Außerdem:
tiefes Backblech
(30 × 30 cm)

1 Den Backofen auf 180° vorheizen. Das Backblech mit Backpapier auslegen. Die Limette waschen und abtrocknen. Die Schale abreiben, den Saft auspressen.

2 Die weiche Butter, die Eier und die saure Sahne mit 150 ml Wasser, Zucker, Mehl, Backpulver und Limettenschale in eine Schüssel geben und mit den Rührbesen des Handrührgerätes rühren, bis ein glatter Teig entsteht.

Zum Vernaschen: *12 Stücke* / **Zubereitungszeit:** *10 Min.* / **Backzeit:** *20 Min.*
Pro Stück: *370 kcal / 5 g E / 18 g F / 47 g KH*

3 Den Teig auf das Backblech gießen und glatt streichen. Im heißen Ofen (Mitte) ca. 20 Min. backen, dann den Sheet-Cake kurz in der Form abkühlen lassen.

4 Den Puderzucker in eine Schüssel sieben und nach und nach mit einem kleinen Schneebesen 2–4 EL Limettensaft unterrühren, bis ein dicker Zuckerguss entsteht. Den Zuckerguss über den leicht abgekühlten Kuchen gießen. Die Mandeln grob hacken und darüberstreuen.

speed-TIPP

Lust auf Kuchen, aber weder Mandeln noch Limetten eingekauft? Dann topp den Kuchen doch mit Orange und Haselnuss, Maracujanektar und Macadamianuss, Kuvertüre oder Konfitüre. Irgendwas hast Du sicher gerade greifbar.

30 MINUTEN

Clafoutis
mit Kirsche

Der schnelle Franzose schmeckt auch mit frischen Früchten à la Saison traumhaft.

2 Eier (M)
150 g griechischer Joghurt (10 % Fett)
100 g Zucker
50 g Mehl
50 g gemahlene Mandeln

Salz
200 g entsteinte Kirschen (aus dem Glas)

Außerdem:
2 ofenfeste Förmchen (à 12 cm ⌀)

1 Den Backofen auf 190° vorheizen. Die Eier trennen. Die Eiweiße steif schlagen.

2 Die Eigelbe mit dem Joghurt und dem Zucker mit den Rührbesen des Handrührgerätes cremig rühren. Mehl, gemahlene Mandeln und 1 Prise Salz dazugeben. Alles zu einem Teig verrühren. Zum Schluss die Eiweiße mit einem Teigschaber vorsichtig unterheben.

Zum Genießen: *2 Clafoutis* / **Zubereitungszeit:** *5 Min.* / **Backzeit:** *25 Min.*
Pro Stück: *680 kcal / 18 g E / 27 g F / 92 g KH*

3 Den Teig in die ofenfesten Förmchen gießen. Die Kirschen in einem Sieb abtropfen lassen und auf dem Teig verteilen. Clafoutis im heißen Ofen (Mitte) ca. 25 Min. backen, dann am besten mit Löffeln servieren.

speed-TIPP

Wer keine Kirschen mag, kann Himbeeren oder Heidelbeeren verwenden – frisch oder tiefgekühlt. TK-Früchte lassen sich in der Mikrowelle blitzschnell auftauen.

35 MINUTEN

Rainbow-Poke-Cake
mit Schoko

Der wird kleine Kuchenliebhaber verzaubern – mit schokoladigem Mantel und buntem Kuchenherz.

Zum Aufmuntern: *12 Stücke* / **Zubereitungszeit:** *15 Min.* / **Backzeit:** *20 Min.*
Pro Stück: *650 kcal / 10 g E / 32 g F / 80 g KH*

1 Backmischung (z. B. Dr. Oetker Zitronenkuchen; 375 g) plus die angegebenen Extra-Zutaten (Eier, Butter, Milch)
bunte Lebensmittelfarben
200 g Kuvertüre
400 g gesüßte Kondensmilch

Außerdem:
tiefe Backform (30 × 20 cm)
Butter für die Form

1 Den Backofen auf 200° vorheizen und die Backform einfetten. Die Backmischung nach Packungsanweisung zubereiten.

2 Den zubereiteten Teig in fünf Portionen teilen, jede mit etwas Lebensmittelfarbe einfärben. Die Teigportionen nebeneinander in der Backform verteilen, glatt streichen und im heißen Ofen (Mitte) ca. 20 Min. backen, dann ca. 5 Min. abkühlen lassen.

3 Inzwischen die Kuvertüre in der Mikrowelle, im Wasserbad oder in einem Topf bei kleiner Hitze schmelzen. Mit einem breiten Holzstäbchen viele Löcher bis auf den Boden des leicht abgekühlten Kuchens stechen. Dann die Kondensmilch gleichmäßig über den Kuchen gießen und einziehen lassen. Zum Schluss die Kuvertüre mit einem Messer auf dem Kuchen verteilen und glatt streichen.

speed-TIPP

Nimm am besten Lebensmittelfarben auf Gelbasis. Sie lassen sich schnell und einfach handhaben und weichen den Teig nicht auf.

30 MINUTEN

Limo-Kuchen
express

Der schnelle Kuchen vom Blech macht Jung und Alt glücklich.

Zum Vernaschen: *15 Stücke* / **Zubereitungszeit:** *10 Min.* / **Backzeit:** *20 Min.*
Pro Stück: *250 kcal / 2 g E / 9 g F / 38 g KH*

2 Eier (M)
200 g Zucker
200 g Mehl
110 ml neutrales Pflanzenöl
150 ml Limonade
2 TL Backpulver

Für den Zuckerguss:
200 g Puderzucker
3 EL Limonade
2 EL bunte Streusel

Außerdem:
tiefes Backblech

1 Den Backofen auf 180° vorheizen. Das Backblech mit Backpapier auslegen. Die Eier mit Zucker, Mehl, Pflanzenöl, Limonade und Backpulver in eine Schüssel geben und mit den Rührbesen des Handrührgerätes zu einem gleichmäßigen Teig vermischen.

2 Den Teig auf das Backblech geben, glatt streichen und im heißen Ofen (Mitte) 15–20 Min. backen, dann kurz abkühlen lassen.

3 Inzwischen für den Zuckerguss in einer kleinen Schüssel den Puderzucker mit einem kleinen Schneebesen nach und nach mit 2–3 EL Limo verrühren, bis ein dicker Zuckerguss entsteht.

4 Den Guss mit einem Messer auf dem leicht abgekühlten Kuchen verteilen und glatt streichen. Mit den bunten Streuseln bestreuen.

speed-TIPP

Der Limo-Kuchen funktioniert auch mit Rhabarberschorle, Ginger Ale oder was sonst so sprudelt. Zum Bestreuen kannst Du statt Zuckerperlen auch Schokolinsen nehmen.

30 MINUTEN

Heidelbeer-Kuchen
mit Croissants

Aus knusprigem Frühstück mach leckeren Kuchen. Wie das geht? Ganz einfach!

Zum Vernaschen: *8 Stücke* / **Zubereitungszeit:** *5 Min.* / **Backzeit:** *25 Min.*
Pro Stück: *465 kcal / 11 g E / 17 g F / 67 g KH*

---

*125 g Vanillejoghurt
   (3,8 % Fett)
250 ml Milch
2 Eier (M)
150 g Zucker
3 Croissants (ca. 200 g)
125 g Heidelbeeren*

Außerdem:
Auflaufform (ca. 30 × 20 cm, ersatzweise tiefe Backform)

1 Den Backofen auf 200° vorheizen. Vanillejoghurt, Milch, Eier und Zucker in eine Schüssel geben und mit den Rührbesen des Handrührgerätes zu einem gleichmäßigen Teig vermischen.

2 Die Croissants mit einem Messer oder mit einer Schere in 3–4 cm große Stücke schneiden.

3 Die Heidelbeeren vorsichtig waschen, trocken tupfen und mit den Croissants in die Backform geben. Die Joghurt-Mischung darübergießen und den Kuchen im heißen Ofen (Mitte) 20–25 Min. backen.

speed-TIPP

Eier, Zucker, Milch und Joghurt kannst Du auch direkt in der Auflaufform vermischen und ersparst Dir damit sogar, die Rührschüssel abzuwaschen. Echt clever, oder?

KUCHEN OHNE SCHNICKSCHNACK

Joghurt-Kuchen
zack, zack

Die Waage ausgeliehen? Macht nichts! Hier kannst Du alles einfach im Joghurtbecher abmessen.

Zum Genießen: *8 Stücke* / **Zubereitungszeit:** *5 Min.* / **Backzeit:** *25 Min.*
Pro Stück: *375 kcal / 7 g E / 11 g F / 63 g KH*

---

125 g Joghurt (3,8 % Fett)
280 g Zucker (2 Becher)
300 g Mehl (3 Becher)
60 ml Sonnenblumenöl (½ Becher)
3 Eier (M)
2 TL Backpulver
Salz

Außerdem:
Springform (20 cm ⌀)
Butter für die Form

1 Den Backofen auf 200° vorheizen und die Backform einfetten. Den Joghurt mit Zucker, Mehl, Sonnenblumenöl, Eiern, Backpulver und 1 Prise Salz in eine Schüssel geben. Alles mit den Rührbesen des Handrührgerätes zu einem gleichmäßigen Teig vermengen.

2 Den Teig in die Backform füllen und glatt streichen. Den Joghurt-Kuchen im heißen Ofen (Mitte) ca. 25 Min. backen.

Schnelle Abwechslung gewünscht? Dann misch beim nächsten Mal doch einfach 1 EL Rum oder 1 Pck. Vanillezucker in den Teig – fertig!

speed-TIPP

30 MINUTEN

Schoko-Kuchen
mit Knusper-Kick

Toll, wie die Schoko-Kugeln im Teig versinken! Da möchte man am liebsten in den Backofen kriechen.

100 g Zartbitter-Schokolade (mind. 70 % Kakaogehalt)
100 g weiche Butter
3 Eier (M)
100 g Zucker
45 g Mehl
1 TL Backpulver

8 knusprige Nuss-Pralinen (z. B. Ferrero Rocher)

Außerdem:
kleine eckige Backform (20 × 20 cm)
Butter für die Form

1 Den Backofen auf 180° vorheizen und die Backform einfetten. Die Schokolade in Stücke brechen und mit der Butter in der Mikrowelle, im Wasserbad oder in einem Topf bei kleiner Hitze schmelzen.

2 Die Eier mit Zucker, Mehl und Backpulver in eine Schüssel geben. Die Schoko-Butter dazugeben und alles zu einem gleichmäßigen Teig verrühren.

Zum Verknuspern: *6 Stücke* / **Zubereitungszeit:** *5 Min.* / **Backzeit:** *25 Min.*
Pro Stück: *425 kcal / 7 g E / 29 g F / 34 g KH*

3 Den Schoko-Teig in die Backform geben. Die Nuss-Pralinen darauf verteilen und in den Teig drücken. Den Kuchen im heißen Ofen (Mitte) 20–25 Min. backen.

speed-TIPP

Keine Nuss-Pralinen zur Hand? Dann einfach ½ Tafel Zartbitter-Schokolade grob hacken und ab damit in den Teig!

Ofenfreie Zone

Hitzefrei für alle!

30° im Hochsommer oder einfach keine Lust auf heiß? Dann mach doch Kuchen mal ganz ohne Backen! Ob pures Naturwunder oder Cheese-Cake im Glas – hier kommen die Schnellen, die keinen Ofen brauchen.

30 MINUTEN

Erdnuss-Toffee-Kuchen
eiskalt

Im Winter und Sommer ein Hit! Wer rühren kann, kann den. Leichter geht es nicht.

Zum Genießen: *6 Stück* / **Zubereitungszeit:** *10 Min.* / **Kühlzeit:** *20 Min.* / **Backzeit:** *0 Min.*
Pro Stück: *660 kcal / 55 g E / 43 g F / 54 g KH*

225 g Sahne-Toffees
75 g Sahne
75 g Erdnusskerne (ungesalzen)
75 g Zartbitter-Schokolade (mind. 70 % Kakaogehalt)
450 ml Vanilleeiscreme
150 g Erdnusscreme

Außerdem:
6er-Muffinform

1 Die Toffees mit der Sahne in einem Topf bei kleiner Hitze schmelzen, dann abkühlen lassen. Inzwischen die Erdnüsse grob hacken. Die Schokolade in Stücke brechen und in der Mikrowelle, im Wasserbad oder in einem Topf bei kleiner Hitze schmelzen und abkühlen lassen.

2 Die Vanilleeiscreme grob mit der Erdnusscreme mischen, dann auf die sechs Muffinförmchen verteilen und glatt streichen.

3 Eine Toffee-Sahne-Schicht darübergeben und diese mit geschmolzener Schokolade bedecken. Die gehackten Erdnüsse darüberstreuen,

4 Die Küchlein in der Muffinform ca. 20 Min. im Tiefkühlfach kalt stellen, anschließend herauslösen und vernaschen.

speed-TIPP

Noch schneller geht es mit Silikonförmchen. Da kannst Du Dir das Einfetten sparen. Zum Abwaschen die Förmchen einfach umkrempeln und dann ab damit in den Geschirrspüler!

30 MINUTEN

Keks-Sandwich
mit Vanillecreme

Knusperglück für unterwegs: Dieses Nachtisch-Sandwich passt in die kleinste Lunchbox.

Zum Snacken: *12 Stücke* / **Zubereitungszeit:** *10 Min.* / **Kühlzeit:** *20 Min.* / **Backzeit:** *0 Min.*
Pro Stück: *145 kcal / 3 g E / 7 g F / 17 g KH*

---

200 g Butterkekse (24 Stück)
300 g Vanille-Sahnepudding (Kühlregal)
200 g Sahne
1 EL Zucker

Außerdem:
kleine eckige Backform (20 × 20 cm)

1 Die Backform mit Backpapier auslegen. Die Hälfte der Kekse hineinlegen. Den Pudding darauf verteilen und glatt streichen.

2 Die Sahne steif schlagen, dabei den Zucker nach und nach einrieseln lassen. Sahne dann gleichmäßig auf dem Pudding verstreichen.

3 Eine zweite Schicht Butterkekse möglichst deckungsgleich zur ersten auflegen und leicht andrücken.

4 Den Pudding-Kuchen ca. 20 Min. im Tiefkühlfach kalt stellen und dann in 12 Stücke schneiden, sodass Keks-Sandwiches entstehen.

speed-TIPP

Das Sahneschlagen dauert Dir zu lange? Dann vermisch den fertig gekauften Pudding doch einfach mit 200 g Frischkäse. Schmeckt superfrisch!

Geballte Fruchtpower
raw Kiwi-Cake

Was für echte Blumenkinder – der rohe Grüne steckt voller Powerzutaten und Energie.

Zum Genießen: *10 Stücke* / **Zubereitungszeit:** *10 Min.* / **Kühlzeit:** *20 Min.* / **Backzeit:** *0 Min.*
Pro Stück: *370 kcal / 7 g E / 28 g F / 23 g KH*

Für den Boden:
150 g getrocknete Feigen
75 g geschälte Mandeln
25 g Kokosraspel

Für obendrauf:
250 g Cashewkerne
75 ml Zitronensaft
75 ml Ahornsirup
120 g Kokosöl (Zimmertemperatur)
2 Kiwis

Außerdem:
Kastenform (20 × 11 cm)

1 Die Kastenform mit Backpapier auslegen. Für den Boden die getrockneten Feigen mit den Mandeln und Kokosraspeln in die Küchenmaschine geben und fein zerkleinern. Die Feigenmischung in die Form drücken, sodass ein fester, glatter Boden entsteht.

2 Für obendrauf Cashewkerne, Zitronensaft, Ahornsirup und Kokosöl in die Küchenmaschine geben und zu einem cremigen Püree mixen. Das Püree auf dem Kuchenboden verteilen und glatt streichen.

3 Die Kiwis schälen und in Scheiben schneiden. Den Kuchen damit belegen. Vor dem Servieren ca. 20 Min. im Tiefkühlfach kalt stellen.

Was, das Kokosöl ist noch zu fest? Dann stell' das Glas einfach in eine Schüssel mit heißem Wasser während du den Boden machst. Das Öl ist im Nu geschmolzen und schon kann's weitergehen.

speed-TIPP

20 MINUTEN

Cheese-Cake
im Glas

Der kann mit an den See oder in die Uni – für den süßen Zahn zwischendurch!

80 g Butter
200 g italienische Cantuccini-Kekse
125 g Doppelrahm-Frischkäse
100 g Haselnuss-Nugat-Creme

125 g Sahne
50 g weiße Schokolade

Außerdem:
4 Einmachgläser (200 ml Inhalt)

1 Die Butter in der Mikrowelle oder in einem Topf bei kleiner Hitze schmelzen. Die Cantuccini in einer Küchenmaschine sehr fein zerkleinern.

2 Die Butter mit den Cantuccini-Krümeln mischen und auf die Gläser verteilen. Die Masse dabei leicht andrücken, sodass ein fester, glatter Boden entsteht. Die Gläser mit den Böden kurz im Kühlschrank kalt stellen.

Zum Vernaschen: 4 Cheese-Cakes / **Zubereitungszeit:** 20 Min. / **Backzeit:** 0 Min.
Pro Stück: 770 kcal / 11 g E / 57 g F / 53 g KH

3 Den Frischkäse mit der Nugat-Creme mit den Rührbesen des Handrührgerätes vermischen. Die Sahne steif schlagen und mit dem Teigschaber vorsichtig unterheben. Die Mischung auf die Gläser verteilen und glatt streichen.

4 Die weiße Schokolade in kleine Stücke hacken und die Cheese-Cakes damit bestreuen. Die kleinen Cheese-Cakes im Glas bis zum Servieren kalt stellen.

speed-TIPP

Damit der Cheese-Cake schnell und perfekt gelingt, nimm die Sahne erst in letzter Minute aus dem Kühlschrank. Gut gekühlt wird sie ruck, zuck steif.

30 MINUTEN

Rocky-Road-Cake
mit Marshmallows

Ein kleines Stück Schoko-Glück – zum Teilen und Genießen!

100 g Vollmilch-Schokolade
150 g Zartbitter-Schokolade (mind. 70 % Kakaogehalt)
10 Vollkornkekse
60 g Mini-Marshmallows
1 Tüte knusprige Schokokugeln (175 g; z. B. Maltesers)

Außerdem:
kleine Kastenform (20 × 10 cm)

1 Die Kastenform mit Backpapier auslegen. Beide Schoko-Sorten in Stücke brechen, in der Mikrowelle, im Wasserbad oder in einem Topf bei kleiner Hitze knapp schmelzen, dann ca. 5 Min. abkühlen lassen. Inzwischen die Kekse in ca. 2 cm große Stücke brechen.

2 Die Marshmallows, Schokokugeln und Keksekrümel mit der geschmolzenen Schokolade mit einem Löffel vermischen und die Mischung in die Kastenform füllen.

Zum Verknuspern: *10 Stücke* / **Zubereitungszeit:** *10 Min.* / **Kühlzeit:** *20 Min.* / **Backzeit:** *0 Min.*
Pro Stück: *285 kcal / 5 g E / 15 g F / 32 g KH*

3 Rocky-Road-Cake ca. 20 Min. im Tiefkühlfach kalt stellen, dann vor dem Servieren in kleine Stücke schneiden.

speed-TIPP

Die Schokolade nur so lange erhitzen, bis sie gerade geschmolzen ist. Das geht schnell, und so bleibt die Rocky-Road schön holperig.

30 MINUTEN

Cashew-Brombeer-
Stückchen

Veganer Leckerbissen mit crunchy Pekannuss, soften Datteln und yummy Cashewkernen.

200 g TK-Brombeeren
100 g Pekannuss-
  kerne
100 g getrocknete
  Datteln (entsteint)
150 g Kokosöl
50 g Honig
100 ml Apfelsaft
250 g Cashewkerne

Außerdem:
Springform (20 cm ⌀)

1 Die Brombeeren leicht antauen lassen. Den Boden der Springform mit Backpapier auslegen.

2 Pekannüsse und Datteln in der Küchenmaschine zu einem Mus vermengen. Die Mischung in die Backform drücken, sodass ein fester, glatter Boden entsteht.

3 Das Kokosöl in einem Topf bei kleiner Hitze schmelzen. Honig und Apfelsaft dazugeben und kurz aufkochen.

Zum Verknuspern: *8 Stücke* / **Zubereitungszeit:** *15 Min.* / **Kühlzeit:** *15 Min.* / **Backzeit:** *0 Min.*
Pro Stück: *500 kcal / 7 g E / 41 g F / 26 g KH*

4 Die Mischung gut durchrühren, dann mit den Cashews in die Küchenmaschine geben und ebenfalls zu einem feinen Mus pürieren. Zwei Drittel der Masse auf den Pekannuss-Dattel-Boden geben und glatt streichen.

5 Den Rest mit 150 g Brombeeren erneut pürieren und auf dem hellen Mus verstreichen. Übrige Beeren darauf verteilen und leicht eindrücken. Alles mindestens 15 Min. im Tiefkühlfach kalt stellen, dann in Stückchen schneiden.

speed-TIPP

TK-Beeren zu spät aus dem Tiefkühlfach genommen? Du kannst sie auch schnell in der Mikrowelle antauen: Die Früchte in eine geeignete Schüssel geben und dann bei ca. 500 Watt knapp 1 Min. in der Mikrowelle erwärmen.

25 MINUTEN

Die ultimative
Eistorte

Am besten auf dem Balkon genießen und beim Naschen in die Sonne blinzeln!

Zum Dahinschmelzen: *6 Stücke* / **Zubereitungszeit:** *5 Min.* / **Kühlzeit:** *20 Min.* / **Backzeit:** *0 Min.*
Pro Stück: *190 kcal / 3 g E / 8 g F / 26 g KH*

250 ml Vanilleeiscreme
50 g Baisers
50 g Mini-Schoko-Kekse
150 g TK-Himbeeren (ersatzweise Rote Johannisbeeren oder andere TK-Beeren)

Außerdem:
1 halbrunde Schüssel (500 ml Inhalt)

1 Das Vanilleeis in eine halbrunde Schüssel geben und einige Male durchrühren, sodass es etwas weicher wird.

2 Die Baisers und die Kekse mit der Hand grob zerteilen und mit den tiefgefrorenen Himbeeren zum Vanilleeis geben.

3 Alles 15–20 Min. im Tiefkühlfach kalt stellen. Zum Servieren die Schüssel kurz bis unter den Rand in heißes Wasser halten, dann die Eistorte auf einen großen Teller stürzen.

speed-TIPP

Löffelverbieger-Eis kannst Du schnell bändigen. Stell das knallharte Eis ganz einfach für 10 Sek. mit Auftaufunktion in die Mikrowelle.

Psst ... Baking-Hacks

Mit ein paar gekonnten Tricks und Kniffen geht es in der Küche immer schneller. Egal ob Du Abwasch sparen, Butter weich zaubern oder eine Banane im Nu nachreifen lassen willst – hier findest Du die ultimativen Back-Tipps.

Backpapier

Blech nach Maß

Cookie-Form

Für runde Förmchen einen Bogen Backpapier erst längs, dann quer auf die halbe Größe falten. Zum Dreieck falten, dieses der Länge nach noch zwei Mal halbieren. Die Spitze des Dreiecks in die Mitte der Backform halten, den Überstand passend abschneiden.

Mit einem Streifen Alufolie lässt sich jedes Blech anpassen. Dazu einen breiten Streifen Folie mehrfach umschlagen, bis er die Höhe des Backblechs hat. Den Streifen ins Blech legen, dabei die Enden in eine Richtung einschlagen und das Blech so verkleinern.

So werden Cookies schön rund und einheitlich: Die Mulden eines Muffinblechs einfetten. Den fertigen Teig in golfballgroße Kugeln teilen. Die Kugeln ins Blech legen und flach andrücken, sodass der Boden gleichmäßig bedeckt ist. Und ab damit in den Ofen!

Gute Vorbereitung spart Zeit. Wer schnell backen möchte, sollte alle Zutaten abgemessen bereitlegen, die Backformen vorbereiten und erst dann loslegen.

Weiche Butter

Bananen nachreifen

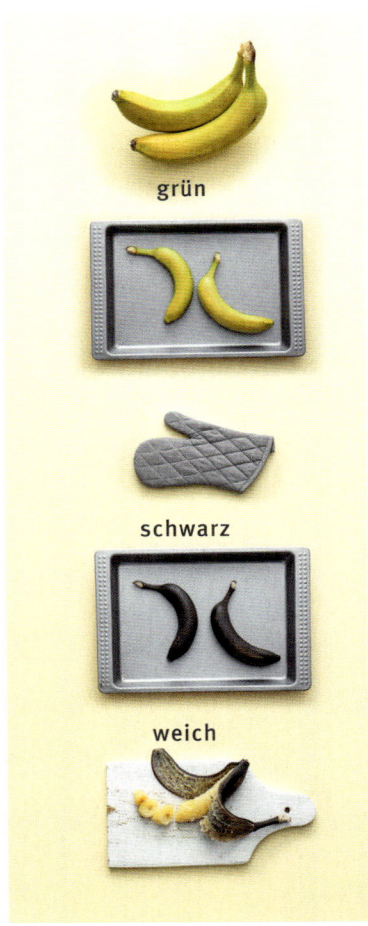

Cooler Vorrat

Der schnelle Weg zu weicher Butter: Das Butterstück aus dem Kühlschrank nehmen und im Ganzen in einen Gefrierbeutel (am besten mit Zip-Verschluss) legen. Den Beutel gut verschließen. Heißes Wasser in eine Schüssel geben, den Beutel ca. 5 Min. hineinlegen.

Zum Backen sind reife Bananen besonders gut geeignet. Wenn die gelben Früchte mal nicht optimal gereift sind, kannst Du schnell nachhelfen: Dazu den Backofen auf 150° vorheizen und dann die Bananen darin in 20–30 Min. weich und braun backen.

Unerwarteter Besuch steht vor der Tür? Hab Spontan-Cookies griffbereit! Den fertigen Teig in Eiswürfelformen einfrosten. Zum Backen die Teig-Würfel auf einem mit Backpapier ausgelegten Blech verteilen und ein paar Minuten zur gewohnten Backzeit dazugeben.

25 MINUTEN

Cookie-Eis-Sandwich
für jeden eins!

Die sind ein Super-Dessert und machen kleinen und großen Gästen ganz sicher Freude!

Zum Schlecken: *1 Sandwich* / **Zubereitungszeit:** *5 Min.* / **Kühlzeit:** *20 Min.* / **Backzeit:** *0 Min.*
Pro Stück: *970 kcal / 11 g E / 47 g F / 125 g KH*

- 1 große Kugel Vanilleeiscreme
- 2 American Cookies XL (z. B. weiße Schokolade mit Cranberrys oder »Triple Chocolate«)
- 1 EL gehackte Haselnusskerne

1 Die Kugel Eiscreme auf einen Cookie geben. Den zweiten Cookie daraufgeben und andrücken, sodass ein Sandwich entsteht.

2 Das Eis-Sandwich rundherum mit der Eisseite in die gehackten Nüsse drücken und so mit einer Knusperschicht umhüllen. Das Sandwich vor dem Vernaschen ca. 20 Min. ins Tiefkühlfach legen.

speed-TIPP

Damit das Eis schnell und einfach aus der Packung kommt, den Eislöffel vorher kurz unter warmes Wasser halten. So geht's ruck, zuck!

20 MINUTEN

Low-Carb-Torte
mit Fruchtpower

Opa ist auf Diät, und Paul mag keine Sahne. Dann ran an die Obsttheke!

Zum Vernaschen: *8 Stücke* / **Zubereitungszeit:** *20 Min.* / **Backzeit:** *0 Min.*
Pro Stück: *115 kcal / 2 g E / 1 g F / 25 g KH*

1 kleine Wassermelone
1 Cantaloupe-Melone
½ Ananas
2 Kiwis
100 g Heidelbeeren

Außerdem:
Ausstecher (Blüte, Herz; ca. 3 cm ⌀)
Zahnstocher

1 Von der Wassermelone oben und unten eine dünne Scheibe abschneiden, sodass sie sicher steht. Dann rundherum die Schale und etwas Fruchtfleisch abschneiden, sodass eine schöne runde Kuchenform entsteht. Mit der Cantaloupe-Melone genauso verfahren.

2 Die Ananas und die Kiwis schälen und quer in dünne Scheiben schneiden. Aus dem Fruchtfleisch Blüten oder Herzen ausstechen.

3 Die Wassermelone als erste »Schicht« auf eine Tortenplatte setzen, die Cantaloupe-Melone darauf platzieren. Kiwi- und Ananasstückchen mit Zahnstochern an und auf der Torte befestigen.

4 Die Heidelbeeren vorsichtig waschen, trocken tupfen und als Kette auf die erste Tortenetage legen. Ein paar Beeren obendrauf legen.

speed-TIPP

So geht's schnell mit der Ananas: Den Strunk mit einem Küchenhandtuch umwickeln und im Uhrzeigersinn herausdrehen. Oben und unten eine 3 cm breite Scheibe von der Ananas wegschneiden, dann die Frucht quer in schmale Scheiben teilen und daraus die Herzen oder Blüten ausstechen.

30 MINUTEN

Schoko-Popcorn-Kuchen
für Keksverrückte

Zwei kleine Kuchen mit einer Extra-Portion Schokolade. Die machen glücklich!

200 g Zartbitter-Kuvertüre
10 große, runde Butterkekse
100 g gesalzenes Popcorn

Außerdem:
2 Tassen mit geraden Wänden (etwas größer als die Kekse)
Frischhaltefolie

1 Die Zartbitter-Kuvertüre in der Mikrowelle, im Wasserbad oder in einem Topf bei kleiner Hitze schmelzen. Die Tassen mit Frischhaltefolie auskleiden.

2 Die Böden der Tassen mit 1 EL Kuvertüre bedecken und jeweils 1 Butterkeks darauflegen. Erneut etwas Kuvertüre in die Tassen füllen und den nächsten Keks auflegen. So fortfahren, bis Kekse und Kuvertüre aufgebraucht sind, mit Kuvertüre abschließen.

Zum Vernaschen: *2 kleine Kuchen* / **Zubereitungszeit:** *5 Min.* / **Kühlzeit:** *20 Min.* / **Backzeit:** *0 Min.*
Pro Stück: *790 kcal / 11 g E / 444 g F / 88 g KH*

3 Das Popcorn in die Tassen füllen und leicht in die Kuvertüre drücken. Die Küchlein im Tiefkühlfach ca. 20 Min. kalt stellen und fest werden lassen.

4 Anschließend die Mini-Kuchen vorsichtig aus den Tassen lösen und vernaschen.

speed-TIPP

Für einen schnellen Zebra-Look einfach Schokoladenkekse und weiße Kuvertüre verwenden.

Die schnellen Minimalisten

Das süße Leben ganz einfach!

Chronische Leere im Kühlschrank? Dann sind die Minimalisten genau das Richtige. Sie kommen mit maximal fünf Zutaten und minimalem Aufwand aus – fürs entspannte Kuchenglück. Denn auch mit wenig kann man viel Eindruck schinden!

40 MINUTEN

Cotton-Cheese-Cake
federleicht

Dieser Kuchentraum braucht nur drei Zutaten, aber etwas Zeit. Doch das Warten lohnt sich!!!

Zum Vernaschen: *2 Mini-Cakes* / **Zubereitungszeit:** *15 Min.* / **Backzeit:** *25 Min.*
Pro Stück: *620 kcal / 16 g E / 43 g F / 42 g KH*

125 g weiße Schokolade
125 g Doppelrahm-Frischkäse
3 Eier (M)

Außerdem:
2 Mini-Springformen (à 10 cm ⌀)
Butter für die Formen
Alufolie

1 Den Backofen auf 170° vorheizen. Die Schokolade schmelzen. Inzwischen den Boden der Formen mit Backpapier auslegen, die Ränder einfetten. Dann die Formen außen rundum in Alufolie einschlagen.

2 Schokolade und Frischkäse verrühren. Die Eier trennen. Eiweiße steif schlagen. Eigelbe unter die Schoko-Mischung rühren. Den Eischnee vorsichtig in Etappen unterheben. Teig in die Springformen geben.

3 Eine Auflaufform mit einem Küchentuch auslegen, die Springformen daraufstellen. Kochendes Wasser in die Auflaufform füllen, die Springformen sollen gut zur Hälfte darin stehen. Die Cheese-Cakes im heißen Ofen (Mitte) ca. 10 Min. backen, dann die Temperatur auf 160° reduzieren. Die Cakes weitere 10 Min. backen. Dann noch ca. 5 Min. im abgeschalteten Ofen stehen und anschließend etwas abkühlen lassen.

speed-TIPP

Nutz Deine Küchengeräte, um Zeit zu sparen: Schokolade schmilzt am schnellsten in der Mikrowelle, Frischkäse und Schokolade lassen sich fix mit dem Handrührgerät mixen, und das Wasser für die Backform erhitzt Du am besten im Wasserkocher.

30 MINUTEN

Der Kaum-zu-glauben-Kuchen
eiskalt verwandelt

*Eiscremedose auf, Mehl dazu und ab in die Form!
Ups, jetzt habe ich ja schon das Rezept verraten …*

Zum Genießen: *10 Stücke* / **Zubereitungszeit:** *5 Min.* / **Backzeit:** *25 Min.*
Pro Stück: *180 kcal / 4 g E / 7 g F / 6 g KH*

---

1 Becher Eiscreme »Cookies & Cream« (475 ml; ersatzweise andere Lieblingssorte)
200 g Mehl
1 ½ TL Backpulver

Außerdem:
Einweg-Papp-Backform (24 × 8 × 5 cm)

1 Den Backofen auf 180° vorheizen. Die Eiscreme in einem Topf bei kleiner Hitze schmelzen.

2 Mehl, Backpulver und geschmolzene Eiscreme in einer Schüssel mischen und anschließend in die Backform geben.

3 Den Teig in der Form glatt streichen und im heißen Ofen (Mitte) ca. 20 Min. backen. Den Kuchen dann eine Etage höher stellen und noch weitere 5 Min. backen. Tatarata!

speed-TIPP

Die kleinen Backformen aus Pappe gibt's z.B. im Drogeriemarkt. Der Vorteil: Sie müssen nicht eingefettet werden. Und den Abwasch kannst Du damit ebenfalls vergessen!

25 MINUTEN

Frühstücks-Waffeln
frisch gebacken

Für einen strahlenden Morgen! Mit knusprigen Waffeln hast Du die Mannschaft schnell am Tisch.

Zum Herzen: *4 Waffeln* / **Zubereitungszeit:** *5 Min.* / **Backzeit:** *4 × 5 Min.*
Pro Stück: *600 kcal / 17 g E / 45 g F / 46 g KH*

175 g Mehl
Salz
4 Eier (M)
325 g Sahne

Außerdem:
Herzwaffeleisen
 (ca. 16 cm ⌀)
2 TL Butter

1 Das Waffeleisen aufheizen. Das Mehl mit 1 Prise Salz in eine Schüssel geben und gut durchmischen.

2 Die Eier trennen. Die Eiweiße steif schlagen. Die Eigelbe mit den Rührbesen des Handrührgerätes auf niedriger Stufe ca. 1 Min. schlagen. Die Sahne nach und nach dazugeben, bis alles gut vermischt ist.

3 Das Mehl zur Eigelbmischung geben und unterrühren. Die Eiweiße mit einem Teigschaber vorsichtig unterheben.

4 Das aufgeheizte Waffeleisen mit etwas Butter einpinseln, ein Viertel des Teigs einfüllen und zu einer Waffel backen. Auf die gleiche Weise drei weitere Waffeln backen.

Als schnelles Waffeltopping eignet sich Puderzucker, aber auch sonst alles, was die Küche hergibt und was Dir gut schmeckt: Nuss-Nugat-Creme, Ahornsirup, frische Früchte, Vanilleeiscreme …

speed-**TIPP**

Backen ohne Waage

Batterie leer oder Waage kaputt? Das kennt sicher jeder. Aber keine Panik! Viele Dinge lassen sich auch ganz einfach ohne Waage abmessen.

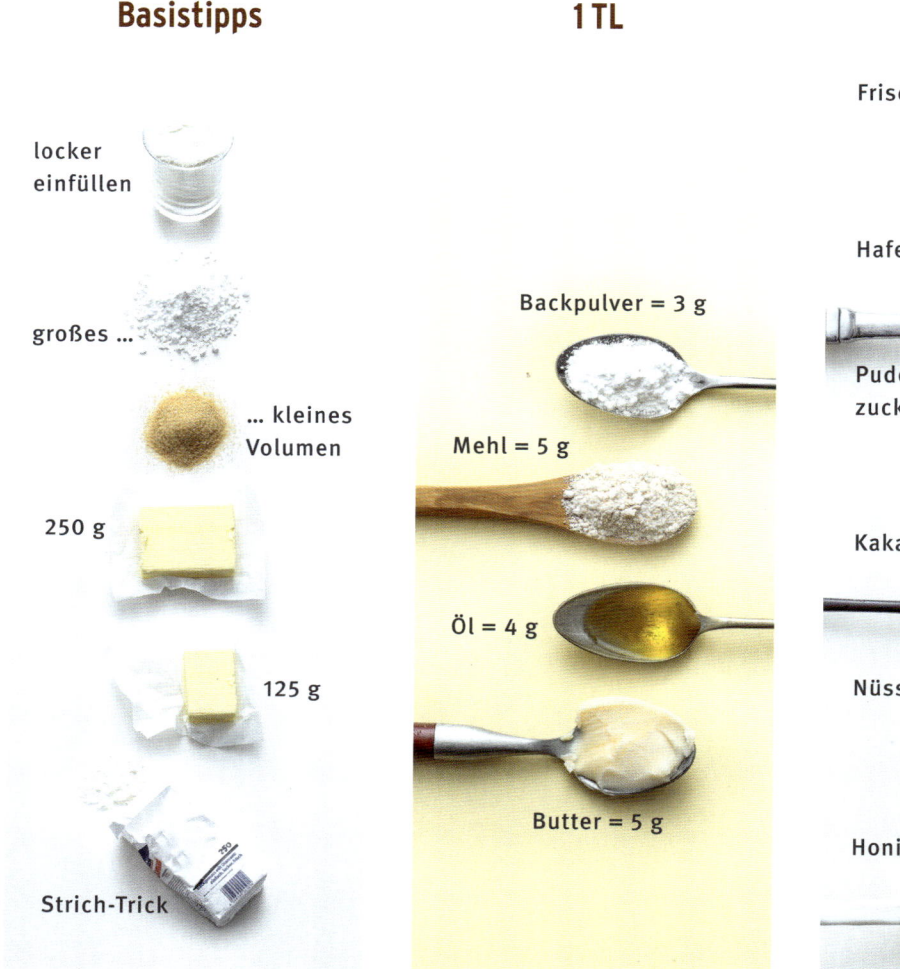

Basistipps

Zutaten nie fest in die Messform drücken! Puderzucker, weißer und brauner Zucker wiegen nicht dasselbe. Nutze als Maß auch die Packungsgröße. Bei Zutaten aus der Tüte die gewünschte Menge mit einem Strich markieren (250 g Mehl = ¼ einer 1-kg-Mehltüte).

1 TL

Mit Löffeln abmessen kannst Du sowohl trockene als auch flüssige Zutaten. Den Löffel aber bitte nicht vollhäufen. Hier ist grundsätzlich 1 gestrichener TL gemeint. Weitere Maße: 1 TL Speisestärke oder Puderzucker oder gemahlene Mandeln = 3 g, 1 TL Zucker = 8 g.

1 EL

Wichtig beim Abmessen der Zutaten: Auch hier gelten die angegebenen Werte für 1 gestrichenen (nicht gehäuften!) EL. Weitere nützliche Maße fürs schnelle Backen ohne Waage: 1 EL gemahlene Mandeln oder Mehl oder Sahne = 10 g, 1 EL Zucker oder Salz = 15 g.

speed-TIPP

Am besten merkst Du Dir ein paar Standard-Maße, z. B. für Zucker oder Mehl. Dann musst Du für einfache Sachen nie mehr die Waage aus dem Küchenschrank holen.

1 Tasse

groß: 250 ml

= 95 g Haferflocken

klein: 150 ml

= 80 g Puderzucker

1 Joghurtbecher

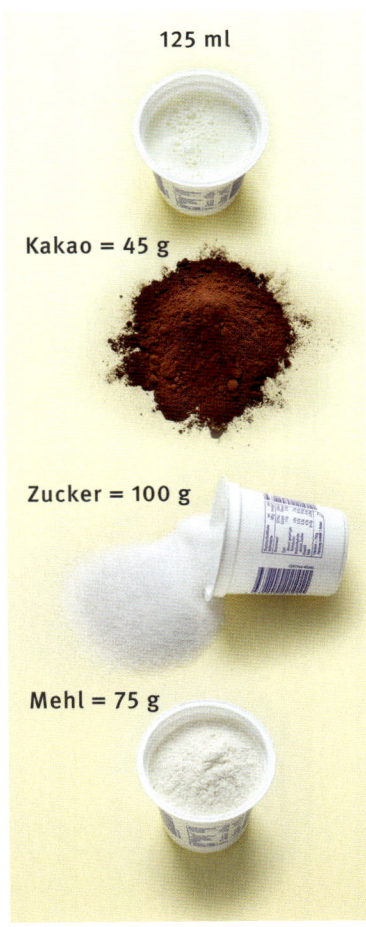

125 ml

Kakao = 45 g

Zucker = 100 g

Mehl = 75 g

Auch hilfreich:

20 ml

große Prise = 3 g

200 ml

1 EL = 3 TL

Tasse ist nicht gleich Tasse! In einen großen Kaffeebecher mit 250 ml Inhalt passen an festen Zutaten: Zucker = 200 g, Mehl = 110 g, Vollkornmehl = 140 g. Kleine Mengen in einer kleineren Tasse mit 150 ml Inhalt »abwiegen«: Zucker = 130 g, Mehl = 80 g.

Kleine Joghurtbecher eignen sich als Messhilfe nicht nur perfekt für Flüssigkeiten, sondern auch für »Becherkuchen« (s. Seite 27). Denn auch feste Zutaten kannst Du damit abmessen. Tipp: Eine kleine Liste kann beim Camping-Urlaub eine große Hilfe sein.

Auch andere Küchenutensilien, etwa ein Schnapsglas oder eine Suppenkelle, können Dir beim Abmessen von flüssigen und festen Zutaten helfen. Hier noch ein paar Gramm-Angaben: 1 Apfel = 150 g, 10 Haselnusskerne = 15 g, 1 Pck. Backpulver = 15 g.

30 MINUTEN

Schoko-Kuchen
mit nur drei Zutaten

*Schokolicious – und so schnell fertig!
Das perfekte Dessert für hektische Tage.*

250 g Zartbitter-Schokolade (mind. 50 % Kakaogehalt)
120 g Butter
4 Eier (M)

Außerdem:
Springform (20 cm ⌀)
Butter für die Form
Alufolie
tiefes Backblech

1 Den Backofen auf 210° vorheizen. Die Schokolade in Stücke brechen und mit der Butter in der Mikrowelle, im Wasserbad oder in einem Topf bei kleiner Hitze schmelzen. Inzwischen den Boden der Springform mit Backpapier auslegen, die Ränder einfetten. Dann die Springform außen rundum mit Alufolie einschlagen.

2 Die Eier mit den Rührbesen des Handrührgerätes auf hoher Stufe ca. 2 Min. cremig rühren, bis sie hellgelb sind.

Zum Vernaschen: *8 Stücke* / **Zubereitungszeit:** *10 Min.* / **Backzeit:** *20 Min.*
Pro Stück: *330 kcal / 6 g E / 38 g F / 11 g KH*

3 Dann die Eimasse in drei Etappen vorsichtig mit einem Teigschaber unter die flüssige Schoko-Butter-Mischung heben und in die vorbereitete Springform füllen. Den Teig in der Form glatt streichen.

4 Die Springform in ein tiefes Backblech stellen. Wasser im Wasserkocher zum Kochen bringen und in das Blech füllen, die Form soll gut zur Hälfte im Wasser stehen. Den Kuchen im heißen Ofen (Mitte) ca. 20 Min. backen.

speed-TIPP

Schneller Trick, damit die Form im Wasserbad nicht wegrutscht: Ein Küchenhandtuch falten und den Boden des tiefen Backblechs damit auslegen. Die Springform draufstellen und in das Backblech vorsichtig Wasser füllen.

35 MINUTEN

Schoko-Karamell-Fudge
mit Pekannüssen

Das »Da kann nichts schiefgehen«-Rezept. Unkomplizierter geht nicht!

Zum Vernaschen: *36 Stücke* / **Zubereitungszeit:** *10 Min.* / **Kühlzeit:** *25 Min.* / **Backzeit:** *0 Min.*
Pro Stück: *105 kcal / 2 g E / 7 g F / 10 g KH*

100 g Sahne-Toffees
300 ml gesüßte Kondensmilch
300 g Zartbitter-Schokolade (mind. 70 % Kakaogehalt)
1 TL Vanilleextrakt
125 g Pekannusskerne

Außerdem:
Backform (20 × 20 cm)

1 Die Backform mit Backpapier auslegen. Die Sahne-Toffees und die Kondensmilch in einem kleinen Topf unter Rühren zum Kochen bringen und weiterrühren, bis sich die Bonbons aufgelöst haben.

2 Die Zartbitter-Schokolade grob hacken und mit dem Vanilleextrakt in eine Schüssel geben. Die Karamellmilch darübergießen und alles ca. 3 Min. zugedeckt ruhen lassen. Dann mit einem Schneebesen durchrühren, bis die Masse gut vermischt ist.

3 Die Fudge-Mischung in die Backform füllen und glatt streichen. Die Pekannusskerne grob hacken und darüberstreuen. Alles im Tiefkühlfach in 20–25 Min. komplett erkalten lassen. Den Kuchen zum Servieren in ca. 3 × 3 cm große Stücke schneiden.

speed-TIPP

Immer neue Geschmacksrichtungen gibt es ruck, zuck mit 1 Prise Salz oder ein paar Chiliflocken. Fruchtig wird's mit etwas abgeriebener Zitronen- oder Orangenschale.

Schoko-Lava-Kuchen
No. 1

*Mit einem Herz aus Schokolade ...
mein absoluter Traumprinz!*

Zum Verlieben: *6 Küchlein* / **Zubereitungszeit:** *10 Min.* / **Backzeit:** *10 Min.*
Pro Stück: *370 kcal / 6 g E / 23 g F / 30 g KH*

---

200 g Zartbitter-Schokolade (mind. 50 % Kakaogehalt)
50 g Butter
1 EL Mehl
3 Eier (M)
100 g Zucker

Außerdem:
6er-Muffinform
Butter für die Form

1 Den Backofen auf 180° vorheizen. Die Muffinförmchen einfetten. Von einer Schokoladentafel 12 Stückchen für die Mitte der Kuchen abbrechen und erst mal beiseitelegen.

2 Die übrigen 140 g Schokolade in grobe Stücke brechen und mit der Butter in der Mikrowelle, im Wasserbad oder in einem Topf bei kleiner Hitze schmelzen. Das Mehl mit den Eiern und dem Zucker in einer Schüssel mit den Rührbesen des Handrührgerätes verrühren. Die Schokoladen-Butter-Masse dazugeben und unterrühren.

3 Die gefetteten Muffinförmchen zu einem Drittel mit dem Teig füllen, je 2 Stückchen Schokolade auflegen, anschließend den restlichen Teig auf die Förmchen verteilen. Die kleinen Schoko-Lava-Kuchen im heißen Ofen (Mitte) ca. 10 Min. backen.

Pur sind die Küchlein schon lecker – aber aus ihnen wird mit einer Kugel Vanilleeiscreme und einer Handvoll Beeren der Saison ratzfatz ein beeindruckendes Dessert.

speed-TIPP

35 MINUTEN

Südsee-Traum
supereinfach

Reif für die Insel? Den Südsee-Traum rührst Du in drei Minuten. Da bleibt Zeit zum Entspannen!

Zum Träumen: *8 Stücke* / **Zubereitungszeit:** *5 Min.* / **Backzeit:** *30 Min.*
Pro Stück: *120 kcal / 2 g E / 0 g F / 28 g KH*

150 g Mehl
1 TL Backpulver
75 g Zucker
1 Dose Ananas (geraspelt und gezuckert; 278 g)

Außerdem:
Springform (20 cm ⌀)
Butter für die Form

1 Den Backofen auf 200° vorheizen. Den Boden der Springform mit Backpapier auslegen und die Ränder einfetten.

2 Mehl, Backpulver und Zucker mit den Ananasraspeln und dem Saft aus der Dose in eine Schüssel geben und mit den Rührbesen des Handrührgerätes mischen. Dann den Teig in die Backform füllen, glatt streichen und im heißen Ofen (Mitte) ca. 30 Min. backen.

speed-TIPP

Keine Eier, keine Butter, kein langes Rühren – dieser Teig ist fixer gemixt, als der Ofen zum Vorheizen braucht. Mit 1 Klecks Sahne oder 1 Kugel Vanilleeiscreme ist der Südsee-Traum lauwarm serviert das perfekte Dessert, wenn's schnell gehen muss.

30 MINUTEN

Apfelrosen
zauberhaft

Statt Blumen: Die leckeren Blüten-Kuchen sind ein wunderbares Geburtstagsgeschenk.

Zum Glücklichmachen: *6 Apfelrosen* / **Zubereitungszeit:** *10 Min.* / **Backzeit:** *20 Min.*
Pro Stück: *200 kcal / 2 g E / 12 g F / 21 g KH*

2 Äpfel
2 EL Zitronensaft
1 Rolle Blätterteig (rechteckig; 275 g; Kühlregal)
3 TL Pfirsichkonfitüre

Außerdem:
6er-Muffinform

1 Den Backofen auf 220° vorheizen. Die Äpfel halbieren, das Kerngehäuse entfernen. Die Äpfel quer in dünne Scheiben schneiden und mit Zitronensaft und 500 ml kaltem Wasser in einer Schüssel in der Mikrowelle bei 650 Watt ca. 3 Min. garen. Abgießen und abkühlen lassen.

2 Blätterteig entrollen und auf ca. 30 × 45 cm ausrollen, dann quer in 6 Streifen schneiden. Konfitüre mit 2 TL Wasser in der Mikrowelle bei 650 Watt ca. 30 Sek. erhitzen. Die Blätterteigstreifen damit bestreichen und dann so mit den Apfelspalten belegen, dass diese etwas über den Rand hinausragen und die untere Hälfte der Streifen frei bleibt. Dann die freie Teighälfte jeweils über die Apfelspalten klappen.

3 Die Streifen einrollen. Apfelrosen in je 1 Muffinförmchen stellen und im heißen Ofen (Mitte) ca. 20 Min. backen, bis sie leicht gebräunt sind.

speed-TIPP

Am schnellsten löst Du das Kerngehäuse mit einem Kugelausstecher aus den Apfelhälften. So bekommen die Apfelscheibchen dann auch eine besonders gleichmäßige Rundung.

30 MINUTEN

Popcorn-Cake
mit Schokolinsen

Ob Movie-Night oder Kindergeburtstag – der ist einfach oscarverdächtig!

250 g Popcorn
120 g Butter
300 g Marshmallows
200 g bunte Schokolinsen

Außerdem:
Gugelhupfform (ca. 2 l Inhalt)
Öl für die Form

1 Das Popcorn in eine Schüssel geben. Die Gugelhupfform mit Öl einfetten. Butter und Marshmallows in einem Topf bei kleiner Hitze schmelzen und miteinander vermischen.

2 Die Butter-Mischung über das Popcorn geben und alles mit einem Löffel vermischen. Die Schokolinsen dazugeben und gut untermischen. Alles in die Kuchenform füllen und mit Backpapier abdecken. Die süße Sünde leicht herunterdrücken und gleichmäßig in die Form pressen.

Zum Snacken: *8 Stücke* / **Zubereitungszeit:** *10 Min.* / **Kühlzeit:** *2 × 10 Min.* / **Backzeit:** *0 Min.*
Pro Stück: *520 kcal / 4 g E / 25 g F / 69 g KH*

speed-TIPP

3 Den Popcorn-Cake ca. 10 Min. im Kühlschrank abkühlen lassen und dann aus der Form stürzen. Dazu mit einem Messer um den Rand der Form fahren und die Form (mit Öffnung und Backpapier nach unten) leicht auf der Arbeitsplatte aufstoßen, sodass der Kuchen herausrutscht.

4 Den Popcorn-Cake vor dem Servieren noch mindestens 10 Min. im Kühlschrank kalt stellen.

Backformen einfetten für Eilige: Statt mühsam Butter auszupacken und zu verstreichen einfach – wie bei diesem Kuchen – etwas Öl auf ein Blatt Küchenpapier geben und die Backform damit auswischen.

All-Ready-Cakes

Fertigteig macht's möglich!

Warum lang in die Ferne schweifen, wenn die schnelle Lösung liegt so nah? Mit Teig aus dem Kühlregal, Löffelbiskuits und knusprigen Cookies aus dem Supermarkt sparst Du viel Zeit beim Kuchenbacken.

25 MINUTEN

Pop-Tarts
süüüüüß!

Schnelle Starthilfe für Morgenmuffel und kleiner Pausensnack für zwischendurch!

1 Rolle Quiche- und Tarte-Teig (300 g; Kühlregal)
100 g Rhabarberkonfitüre
1 Ei (S)
125 g Puderzucker
4 EL Milch

rote Lebensmittelfarbe (flüssig oder auf Gelbasis)
2 EL Zuckerherzen

Außerdem:
Backblech

1 Den Backofen auf 200° vorheizen, das Backblech mit Backpapier auslegen. Den Teig entrollen und mit einem Messer in acht Rechtecke (à ca. 12 × 8 cm) schneiden.

2 Vier Rechtecke mit der Konfitüre bestreichen, dabei jeweils rundherum einen Rand frei lassen. Das Ei verquirlen und mit einem Pinsel auf den konfitürefreien Rändern verstreichen. Übrige Rechtecke deckungsgleich auflegen und an den Rändern mit einer Gabel festdrücken.

Zum Aufmuntern: *4 Pop-Tarts* / **Zubereitungszeit:** *10 Min.* / **Backzeit:** *15 Min.*
Pro Stück: *395 kcal / 4 g E / 10 g F / 72 g KH*

3 Die Teigstücke aufs Backblech legen, ein paar Löcher in den oberen Teig piksen. Dann die Teigstücke im heißen Ofen (Mitte) in ca. 15 Min. goldbraun backen. Inzwischen den Puderzucker und 3–4 EL Milch zu einem dicken Guss verrühren und mit der Lebensmittelfarbe rosa einfärben.

4 Mit einem Löffel den Zuckerguss nach dem Backen auf den Pop-Tarts verteilen und mit dem Löffelrücken verstreichen. Pop-Tarts mit Zuckerherzen dekorieren.

speed-TIPP

Für alle, denen die Teigtaschen zu aufwendig sind: Den Teig in acht Teile schneiden. Jedes Teilchen mit 1 TL Quark bestreichen und mit je 1 TL Honig beträufeln. Die Tarts ca. 15 Min. bei 200° backen.

30 MINUTEN

Zimtschnecke
XXL

Musik an und ganz entspannt rollen!
So geht Back-Meditation.

Zum Vernaschen: *8 Stücke* / **Zubereitungszeit:** *10 Min.* / **Backzeit:** *20 Min.*
Pro Stück: *560 kcal / 5 g E / 31 g F / 66 g KH*

50 g Butter
4 TL Zimtpulver
120 g brauner Zucker
3 Rollen Blätterteig (rechteckig; à 275 g; Kühlregal)
120 g Puderzucker
2 EL Ahornsirup
4 EL Milch

Außerdem:
runde Backform (ca. 24 cm ⌀)

1 Den Backofen auf 220° vorheizen. Die Form mit Backpapier auslegen. Die Butter in der Mikrowelle oder in einem Topf bei kleiner Hitze schmelzen. Zimt und Zucker in einer kleinen Schüssel mischen.

2 Die Blätterteige entrollen, mit der Butter einstreichen und mit der Zuckermischung bestreuen. Teige längs in ca. 4 cm breite Streifen schneiden. Den ersten Streifen locker aufrollen und am Ende jeweils den nächsten anlegen, sodass eine große Zimtschnecke entsteht.

3 Die Zimtschnecke in die Backform legen und im heißen Ofen (Mitte) ca. 20 Min. backen. Inzwischen den Puderzucker mit dem Ahornsirup und nach und nach 3–4 EL Milch verrühren, bis ein Zuckerguss entsteht. Die Zimtschnecke nach dem Backen in der Form leicht abkühlen lassen und anschließend mit dem Zuckerguss beträufeln.

speed-TIPP

Kleine Schnecken sind noch fixer fertig. Dazu einfach je 1 Blätterteigstreifen einrollen und die Kringel auf dem Backblech verteilen. Jetzt ca. 15 Min. backen, dann reinbeißen.

30 MINUTEN

Schoko-Strudel
einfach genial

Schoki im Knuspermantel – da kann keiner widerstehen!

Zum Knuspern und Genießen: *4 Stücke* / **Zubereitungszeit:** *10 Min.* / **Backzeit:** *20 Min.*
Pro Stück: *405 kcal / 7 g E / 26 g F / 37 g KH*

- 1 Rolle Blätterteig (rechteckig; 275 g; Kühlregal)
- 1 Tafel Vollmilch-Schokolade (100 g)
- 1 Ei (S)

Außerdem:
Backblech

1 Den Backofen auf 200° vorheizen. Den Blätterteig entrollen und quer auf die Arbeitsfläche legen. Die Schokoladentafel darauf hochkant – mit der kurzen Seite ca. 5 cm vom oberen Rand entfernt – in der Mitte platzieren. Den Teig rechts und links von der Schokolade mit einem Messer zum Rand hin alle 2 cm schräg einschneiden.

2 Das obere Teigstück über die Schokoladentafel legen, dann die Streifen abwechselnd von rechts und links über die Schokolade legen, sodass ein Zopfmuster entsteht. Überstehende Reste abschneiden.

3 Den »Zopf« vorsichtig auf das Backblech legen. Das Ei verquirlen und mit einem Pinsel auf der Teigoberfäche verstreichen. Den Schoko-Strudel im heißen Ofen (Mitte) in 15–20 Min. goldbraun backen.

speed-TIPP

Frisch aus dem Ofen schmeckt der Strudel am besten. Ganz ohne Wartezeit – ran an das gute Stück!

25 MINUTEN

Schoko-Brot
blitzschnell

Guten Morgen! Frühstück im Bett – mit knusprigem, warmem Schoko-Brot für den perfekten Sonntag.

- 1 Rolle Blätterteig (rechteckig; 275 g; Kühlregal)
- 4 EL Haselnuss-Nugat-Creme

Außerdem:
Backblech

1 Den Backofen auf 200° vorheizen und das Backblech mit Backpapier auslegen.

2 Den Blätterteig entrollen und mit der Nuss-Nugat-Creme bestreichen. Dann zu einer festen Rolle aufrollen und diese in der Mitte der Länge nach halbieren.

Zum Vernaschen: *10 Stücke* / **Zubereitungszeit:** *5 Min.* / **Backzeit:** *ca. 20 Min.*
Pro Stück: *145 kcal / 2 g E / 9 g F / 14 g KH*

3 Die beiden Teighälften miteinander zu einem »Zopf« verflechten und auf das Backblech legen.

4 Das Schoko-Brot im heißen Ofen (Mitte) ca. 20 Min. backen, bis es schön goldbraun ist.

speed-TIPP

Fixe Abwechslung gesucht? Statt mit Nugat-Creme kannst Du den Blätterteig auch mit gehackter weißer Schokolade und getrockneten Cranberrys bestreuen. Anschließend wie beschrieben aufrollen und losflechten.

30 MINUTEN

Sommer
im Glas

Bezaubernde Mini-Charlottes, die garantiert gute Laune machen.

Zum Freuen: *2 kleine Kuchen* / **Zubereitungszeit:** *10 Min.* / **Kühlzeit:** *20 Min.* / **Backzeit:** *0 Min.*
Pro Stück: *670 kcal / 14 g E / 30 g F / 75 g KH*

2 Blatt Gelatine
100 g Erdbeeren
25 g Zucker
75 g Mascarpone
75 g Doppelrahm-Frischkäse
16 Löffelbiskuits

Außerdem:
2 Tassen mit geraden Wänden (10 cm Ø)
Schleifenband

1 Gelatineblätter in kaltem Wasser einweichen. Die Erdbeeren waschen und entkelchen. Die Hälfte davon mit dem Zucker mit einer Gabel zerdrücken und vermischen. Mascarpone und Frischkäse unterrühren.

2 Die Gelatine ausdrücken und mit 3 EL Wasser in einen kleinen Topf geben. Kurz bei kleiner Hitze unter Rühren erwärmen, sodass sich die Gelatine auflöst. Gelatine zur Erdbeercreme geben und unterrühren.

3 Je 7 Löffelbiskuits mit der gezuckerten Seite nach außen nebeneinander in die Tassen stellen. Je 1 Löffelbiskuit klein schneiden und damit den Boden auslegen. Die Erdbeercreme in die Mitte der Tassen füllen. Die Mini-Kuchen 20 Min. im Kühlschrank kalt stellen, dann mit einem Messer vom Rand lösen. Auf Teller stürzen, umdrehen, das Schleifenband herumbinden und mit den übrigen Erdbeeren dekorieren.

speed-TIPP

Noch schneller machst Du den kleinen Kuchen mit Konfitüre. Für die Creme statt der frischen Früchte und Zucker einfach 2–3 EL Lieblingskonfitüre mit Mascarpone und Frischkäse verrühren.

30 MINUTEN

Hmmmbeerrolle
Sommer pur!

Himbeeren, weiße Schokolade und zart-blättriger Teig – Ofen an und los geht's!

1 Rolle Blätterteig
 (rechteckig; 275 g;
 Kühlregal)
250 g Himbeeren
75 g Zucker
50 g weiße Kuvertüre

Außerdem:
Mini-Backform
 (20 cm ⌀)
Butter für die Form

1 Den Backofen auf 200° vorheizen und die Backform einfetten. Den Blätterteig entrollen und dünner ausrollen. Die Himbeeren vorsichtig waschen und trocken tupfen.

2 Den Blätterteig der Länge nach in 4 Streifen schneiden. Jeden Streifen so mit einer Reihe Himbeeren belegen, dass knapp die untere Hälfte des Streifens frei bleibt. Je 1 TL Zucker über die Himbeeren streuen. Dann jeweils die untere Teighälfte über die Himbeeren klappen.

Zum Vernaschen: *6 Stücke* / **Zubereitungszeit:** *10 Min.* / **Backzeit:** *20 Min.*
Pro Stück: *280 kcal / 3 g E / 15 g F / 34 g KH*

3 Den ersten gefüllten Teigstreifen zu einer Schnecke aufrollen und in die Mitte der Backform legen. Den nächsten Streifen am Ende anlegen. Mit den übrigen genauso verfahren, sodass eine große Rolle entsteht.

4 Teigrolle mit übrigem Zucker bestreuen und im heißen Ofen (Mitte) in ca. 20 Min. goldbraun backen. Inzwischen die Kuvertüre schmelzen. Gebackene Hmmmbeerrolle leicht abkühlen lassen und mit der Kuvertüre dekorieren.

speed-TIPP

Kleine Rollen backen schneller. Dazu die Streifen einfach zu kleinen Schnecken aufrollen und jeweils einen Holzstab in der Mitte durchstechen, sodass sie sicher zusammenhalten. Die Schnecken auf einem mit Backpapier ausgelegten Backblech verteilen und in 12–15 Min. goldbraun backen.

30 MINUTEN

Frischkäse-Plunder
Danish Style

Leckere Teilchen frisch aus dem Ofen: einfach unschlagbar!

Zum Genießen: *6 Plunderteilchen* / **Zubereitungszeit:** *15 Min.* / **Backzeit:** *15 Min.*
Pro Stück: *315 kcal / 5 g E / 16 g F / 39 g KH*

1 Dose Croissantteig (Kühlregal; z. B. Knack und Back; 250 g)
175 g Doppelrahm-Frischkäse
3 EL Zucker
1 TL Vanilleextrakt
1 EL Zitronensaft
100 g Puderzucker

Außerdem:
Backblech

1 Den Backofen auf 200° vorheizen. Den Teig aus der Packung nehmen. Jedes Stück zu einer »Wurst« aufrollen, dann diese zu einer Schnecke einrollen, sodass ein rundes Teigstück entsteht. In der Mitte jedes Teigstückchens eine Vertiefung für die Füllung eindrücken.

2 Die Teigstückchen mit etwas Abstand nebeneinander auf das Backblech legen. Im heißen Ofen (Mitte) in 10–15 Min. knusprig backen.

3 Inzwischen mit den Rührbesen des Handrührgerätes Frischkäse, Zucker, Vanilleextrakt und Zitronensaft cremig rühren.

4 Den Puderzucker in eine Schüssel geben und mit 2–3 EL Wasser verrühren, bis ein dicker Zuckerguss entsteht.

5 Die Plunderteilchen nach dem Backen leicht abkühlen lassen, dann mit Frischkäsecreme füllen und mit dem Zuckerguss verzieren.

speed-TIPP

Statt 3 EL Zucker und 1 TL Vanilleextrakt abzumessen und unterzurühren, kannst Du auch einfach 1 Pck. Vanillezucker unter den Frischkäse mischen. Oder für eine schnelle Variante den Zucker durch die Lieblingsmarmelade ersetzen.

Eistüten
aus Pizzateig

So einfach und schnell kannst Du knusprige Eishörnchen selber machen.

Für Schlecker: *8 kleine Eiswaffeln* / **Zubereitungszeit:** *10 Min.* / **Backzeit:** *20 Min.*
Pro Stück: *130 kcal / 4 g E / 3 g F / 22 g KH*

---

1 Rolle Pizzateig (rechteckig; 300 g; Kühlregal)

Außerdem:
Alufolie
Backblech

1 Den Backofen auf 200° vorheizen. Den Pizzateig entrollen und der Länge nach in dünne Streifen schneiden.

2 Aus Alufolie acht feste Alu-Kegel basteln. Die Höhe sollte ca. 20 cm betragen. Die Alufolie am besten doppelt legen, so werden die Kegel stabiler. Die Pizzateig-Streifen von der Spitze beginnend drumherum legen und jeweils leicht andrücken.

3 Die Kegel mit der Spitze nach oben und der Öffnung nach unten nebeneinander auf das Backblech stellen und die Pizzateig-Tüten im Ofen (unten) in 15–20 Min. goldbraun backen.

Du kannst die Tüten nicht nur ganz schnell mit Eiskugeln füllen, sondern auch mit kleinen Süßigkeiten, Früchten, Schlagsahne oder Frischkäse.

speed-TIPP

20 MINUTEN

Apple-Pie
im Mini-Format

Apfelkuchen mal als Hörnchen – so einfach und soooo lecker!

1 Dose Croissantteig (Kühlregal; z. B. Knack und Back; 250 g)
½ Apfel (z. B. Granny Smith)
2 TL Zimtpulver

6 EL brauner Zucker
3 EL gehackte Haselnusskerne
25 g Butter

Außerdem:
Backblech

1 Den Backofen auf 200° vorheizen. Den Croissantteig aus der Packung nehmen, die sechs Teigstücke entrollen und auf ein mit Backpapier ausgelegtes Backblech legen.

2 Die Apfelhälfte waschen und trocknen, das Kerngehäuse entfernen. Hälfte in sechs dünne Spalten schneiden.

3 Den Zimt mit 5 EL Zucker und den gehackten Nüssen mischen und gleichmäßig auf die Teigdreiecke streuen.

86 ALL-READY-CAKES

Zum Knuspern: *6 Pies* / **Zubereitungszeit:** *5 Min.* / **Backzeit:** *15 Min.*
Pro Stück: *285 kcal / 5 g E / 16 g F / 30 g KH*

4 Je eine Apfelspalte auf die breite Seite des Croissantteigs legen und den Teig zur Spitze hin einrollen.

5 Die Butter in der Mikrowelle oder in einem Topf bei kleiner Hitze schmelzen. Die Croissants damit einstreichen und mit dem restlichen Zucker bestreuen. Croissants im heißen Ofen (Mitte) in 10–15 Min. goldbraun backen.

speed-TIPP

Kein Apfel mehr da? Dann schnapp Dir schnell eine Banane und schneide sie in dünne Scheiben. Die Teigdreiecke damit belegen und nach Lust und Laune noch Zucker, Nugat-Creme oder Marmelade darauf verteilen. Die Dreiecke aufrollen und wie beschrieben backen.

15 MINUTEN

Mini-Cheese-Cakes
für heiße Tage

Cheeeeeeese! Die süßen Kleinen zaubern schnell ein Lächeln herbei.

Zum Vernaschen: *20 Cakes* / **Zubereitungszeit:** *15 Min.* / **Backzeit:** *0 Min.*
Pro Stück: *120 kcal / 2 g E / 7 g F / 13 g KH*

500 g Erdbeeren
90 g Zucker
150 g Doppelrahm-Frischkäse
125 g Joghurt (3,8 % Fett)
25 ml Maracujanektar
150 g Sahne
20 runde Haferkekse (à 12 g; insgesamt 240 g)
2 Stängel Basilikum

Außerdem:
Spritzbeutel und Lochtülle

1 Die Erdbeeren waschen, trocken tupfen und entkelchen. 300 g Erdbeeren mit 25 g Zucker fein pürieren.

2 Frischkäse, Joghurt, Maracujanektar und den übrigen Zucker mit den Rührbesen des Handrührgerätes verrühren. Die Sahne steif schlagen und mit einem Teigschaber unter die Frischkäse-Joghurt-Creme heben. Die Sahne-Frischkäse-Mischung in einen Spritzbeutel füllen.

3 Die Kekse auf einem Teller auslegen und die Creme aus dem Spritzbeutel in Kringeln aufspritzen. Basilikumblättchen abzupfen und evtl. kleiner zupfen. Die Mini-Cheese-Cakes mit den restlichen Erdbeeren, den Basilikumblättchen und dem Erdbeer-Püree dekorieren.

Mehr Baking-Hacks

Tipp-Nachschlag gefällig? Hier gibt es noch mehr Kniffe und Tricks, damit es in der Küche traumhaft einfach geht – auch wenn mal das passende Equipment fehlt oder schnell ein tolles Topping her muss.

Topping

Naja …

Hä?

Aha!

Sahne schlagen

Glas

Sahne rein

Shake away!

Hmmm …!

Puderzucker

Riesel, riesel …

mix, mix …

puderfein.

Super!

Cupcakes schnell toppen: Dazu ca. 5 Min. vor Ende der Backzeit die Cupcakes aus dem Ofen holen, je 1 großen Marshmallow draufsetzen und die Cupcakes wieder zurück in den Ofen stellen. Wer es gern etwas knuspriger mag, schaltet für 1–2 Min. den Grill dazu.

Sahne aus dem Kühlschrank nehmen, in ein Marmeladenglas füllen und dieses gut verschließen. Jetzt kommt es auf Deine Muckis an! Das Glas gleichmäßig schütteln, bis die Sahne steif ist. Wenn Du sie nicht gleich brauchst, kannst Du sie prima im Glas kalt stellen.

Kein Puderzucker da? Dann mahl doch blitzschnell neuen! Dazu normalen Kristallzucker in den Blender oder Hochleistungsmixer geben und so lange mixen, bis der Zucker leicht und fein ist. Schon 50 g Kristallzucker reichen aus – das gibt eine Menge Puderzucker.

speed-TIPP

Spontane Backlust, aber keine Zeit zum Einkaufen? Einige Dinge lassen sich auch mit schon vorhandenen Zutaten herstellen, zum Beispiel Puder- und bunter Deko-Zucker.

Deko-Zucker

Riesel …

tropf …

streu …

wow!

Deko-Hilfe

Deko

gut

in

Form!

Spritzschutz

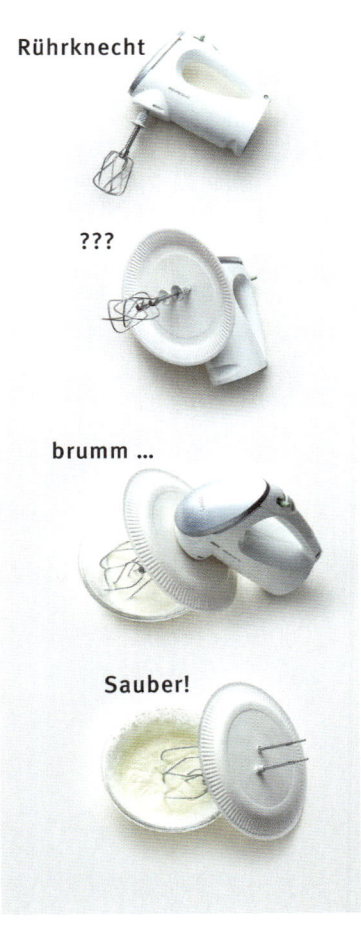

Rührknecht

???

brumm …

Sauber!

Bunten Zucker kannst Du schnell selbst herstellen: Kristallzucker in einen verschließbaren Plastikbeutel geben, flüssige Lebensmittelfarbe hineintropfen. Beutel verschließen und gut durchkneten. Die Zuckerkörner auf Backpapier streuen und trocknen lassen.

Mit Ausstechformen und bunten Streuseln kannst Du ganz schnell schöne Dekos zaubern. Einfach eine Ausstechform auf den (kleinen oder großen) Kuchen setzen und mit den Streuseln befüllen – fertig! Achtung: Nicht zu viele Streusel verwenden!

Nach dem Sahneschlagen mit dem Handrührgerät sieht die Küche schnell aus wie ein Schlachtfeld. Mit dem Pappteller-Trick bleibt sie tipptopp sauber. Dazu die Rührbesen durch einen großen Pappteller stechen und in den Mixer stecken. Dann erst losrühren!

22 MINUTEN

Himbeer-Pizza
einfach himmlisch!

Süßer Traum mit frischen Beeren und cremigem Mascarpone – Mamma mia!

1 Rolle Pizzateig (rechteckig; 300 g; Kühlregal)
2 EL weiche Butter
4 EL Zucker
2 EL Himbeerkonfitüre
75 g Mascarpone
125 g Himbeeren
2 EL Mandelblättchen

Außerdem:
Backblech

1 Den Backofen auf 200° vorheizen und das Backblech mit Backpapier auslegen (falls der Pizzateig nicht schon auf einem Backpapier liegt).

2 Den Pizzateig entrollen, auf das Backblech legen und mit der weichen Butter bestreichen. 2 EL Zucker darüberstreuen und anschließend den Teig im heißen Ofen (Mitte) ca. 10 Min. vorbacken. Dann mit der Himbeerkonfitüre bestreichen und weitere 2 Min. im Ofen backen.

Zum Snacken: *8 Stücke* / **Zubereitungszeit:** *10 Min.* / **Backzeit:** *12 Min.*
Pro Stück: *270 kcal / 5 g E / 13 g F / 34 g KH*

3 Die Pizza nach dem Backen kurz abkühlen lassen. Inzwischen Mascarpone und den restlichen Zucker mit den Rührbesen des Handrührgerätes verrühren.

4 Mascarpone auf der warmen Pizza in Klecksen verteilen. Die Himbeeren vorsichtig waschen, trocken tupfen und darauflegen. Die Mandelblättchen darüberstreuen.

speed-TIPP

Schnelle Abwechslung im Sommer: Für eine Erdbeer-Basilikum-Pizza den Teig mit Erdbeerkonfitüre bestreichen, 5 klein geschnittene Erdbeeren und 50 g grob gehackte weiße Schokolade darauf verteilen. Alles in 10 Min. bei 200° knusprig backen, dann mit Basilikumblättchen bestreuen und genießen.

25 MINUTEN

Bruffins
mit Beeren

Multikulti im Ofen: Wenn Brioche auf Muffin trifft – dann wird's richtig heiß!

Zum Vernaschen: *4 Bruffins* / **Zubereitungszeit:** *10 Min.* / **Backzeit:** *15 Min.*
Pro Stück: *290 kcal / 6 g E / 14 g F / 33 g KH*

1 Dose Briocheteig mit Schokolade (Kühlregal; z. B. Knack und Back; 240 g)
100 g Doppelrahm-Frischkäse
2 Pck. Vanillezucker
50 g Beeren (z. B. Himbeeren oder Heidelbeeren)

Außerdem:
6er-Muffinform
4 Papierförmchen

1 Den Backofen auf 200° vorheizen. Den Teig aus der Packung nehmen und in vier Portionen teilen. Vier Muffinförmchen mit den Papierförmchen auslegen. Die Brioche-Teigstücke in die Förmchen geben und im heißen Ofen (Mitte) ca. 15 Min. backen.

2 Stücke nach dem Backen leicht abkühlen lassen. Inzwischen mit den Rührbesen des Handrührgerätes den Frischkäse mit dem Vanillezucker verrühren und die Mischung in einen Spritzbeutel füllen.

3 Die Beeren vorsichtig waschen und trocken tupfen. Die abgekühlten Bruffins in der Mitte aufschneiden. Die Frischkäsemischung jeweils auf die Unterseite der Bruffins spritzen und die Beeren darauf verteilen. Dann den »Deckel« wieder aufsetzen.

speed-TIPP

Noch schneller geht es, wenn Du die Bruffins nur mit Schoko-Creme füllst. Dafür einfach 100 g Frischkäse mit 1 EL Haselnuss-Nugat-Creme verrühren.

Kleine Naschereien

Für schnelle Glücksmomente!

Kleine Freude für die Lunch-Box, Mitbringsel zur Kaffee-Runde oder Aufmunterung am verregneten Sonntag gesucht? Mit diesen netten Kleinigkeiten machst Du alle im Handumdrehen glücklich.

30 MINUTEN

Schaumküsse
DIY

Mr. Right heute noch nicht geküsst? Dann mal ran ans Rührgerät!

Zum Anbeißen: *6 Schaumküsse* / **Zubereitungszeit:** *15 Min.* / **Kühlzeit:** *15 Min.* / **Backzeit:** *0 Min.*
Pro Stück: *325 kcal / 5 g E / 14 g F / 45 g KH*

3 süße Knäckebrote (z. B. Filinchen)
120 g Zucker
2 frische Eiweiß
250 g Zartbitter-Kuvertüre

Außerdem:
Kreis-Ausstecher (ca. 8 cm ⌀)
Spritzbeutel und Lochtülle

1 Aus den Knäckebroten 6 Kreise ausstechen und auf ein Backpapier legen. 100 g Zucker und 30 ml kaltes Wasser in einem kleinen Topf zum Kochen bringen und unter Rühren ca. 3 Min. köcheln lassen.

2 Dann die Eiweiße mit dem übrigen Zucker mit den Rührbesen des Handrührgerätes steif schlagen. Den heißen Zuckersirup in einem dünnen Strahl langsam dazugießen und dabei den Eischnee ca. 5 Min. auf hoher Stufe weiterschlagen, bis die Masse sehr fest ist. In der Zwischenzeit die Zartbitter-Kuvertüre in der Mikrowelle, im Wasserbad oder in einem Topf bei kleiner Hitze schmelzen.

3 Den Eischnee in einen Spritzbeutel mit Lochtülle füllen und auf die Knäckebrote spritzen. Die Kuvertüre mit einem Löffel darübergießen. Die kleinen Schaumküsse im Tiefkühlfach ca. 15 Min. kalt stellen.

speed-TIPP

So überziehst Du die Küsse noch schneller mit Schokoguss: Zwei Gabeln über eine Schüssel legen und die Schaumküsse darauf platzieren. Dann die Kuvertüre drübergießen.

30 MINUTEN

Schoko-Bananen-
Cookies

Haferflocken zum Abrocken: Das ist schnelle Cookie-Power für zwischendurch!

Zum Knuspern: *10 Cookies* / **Zubereitungszeit:** *10 Min.* / **Backzeit:** *20 Min.*
Pro Stück: *80 kcal / 2 g E / 3 g F / 12 g KH*

2 Bananen
80 g zarte Haferflocken
60 g Schokoladentropfen (ersatzweise fein gehackte Schokolade)

Außerdem:
Backblech

1 Den Backofen auf 180° vorheizen. Das Backblech mit Backpapier belegen. Die Bananen mit einer Gabel zu einem feinen Püree zerdrücken.

2 Die Bananen mit den Haferflocken mischen. Die Schokoladentropfen untermischen. Die Masse in 10 Portionen auf dem Backblech verteilen.

3 Die Schoko-Bananen-Cookies 15–20 Min. im heißen Ofen (Mitte) backen, dann leicht abkühlen lassen und reinbeißen.

speed-TIPP

Schnelle Variante: Statt Schokolade pur kannst Du auch eine Mischung aus 30 g Schokoladentropfen und 30 g gehackten Haselnusskernen nehmen. Oder wie wäre es mit Rosinen oder Cranberrys?

30 MINUTEN

Beeriger Crumble
super simpel

Der kleine Dessert-Hit mit nur vier Zutaten: blitzschnell und superlecker!

75 g kalte Butter
100 g Zucker
100 g Mehl
300 g gemischte Beeren

Außerdem:
4 ofenfeste Förmchen (10 cm ⌀)

1 Den Backofen auf 200° vorheizen. Die Butter in kleine Würfel schneiden und in eine Schüssel geben.

2 Zucker und Mehl zur Butter geben und alles mit den Händen schnell zu einem krümeligen Teig verkneten.

Zum Auslöffeln: *4 Portionen* / **Zubereitungszeit:** *5 Min.* / **Backzeit:** *25 Min.*
Pro Portion: *360 kcal / 3 g E / 16 g F / 50 g KH*

3 Die gemischten Beeren vorsichtig waschen, trocken tupfen und auf die Förmchen verteilen. Die Beeren mit den Teigkrümeln gleichmäßig bedecken.

4 Die Beeren-Crumbles im heißen Ofen (Mitte) in 20–25 Min. knusprig goldbraun backen.

speed-TIPP

Crumble-Krümel lassen sich superschnell in der Küchenmaschine zubereiten. Dazu die kalte, gewürfelte Butter, den Zucker und das Mehl in die Maschine geben und in kurzen Intervallen mixen (also mixen, stoppen, mixen, stoppen usw.), bis alles vermischt ist.

17 MINUTEN

Campfire-Cones
mit Marshmallows

Mal was anderes als Salat und Würstchen. Pimp Deine nächste Grillparty!

Zum Genießen: *4 Cones* / **Zubereitungszeit:** *10 Min.* / **Backzeit:** *7 Min.*
Pro Stück: *485 kcal / 11 g E / 30 g F / 43 g KH*

12 Marshmallows
80 g Zartbitter-Schokolade (ersatzweise andere Lieblingsschokolade)
4 Eis-Waffelhörnchen
6 EL Erdnusscreme

Außerdem:
Alufolie

1 Den Backofen auf 200° vorheizen oder den Grill anfeuern. Die Marshmallows in Stücke schneiden. Die Schokolade grob hacken.

2 Jedes Waffelhörnchen mit 1 ½ EL Erdnusscreme und je einem Viertel der Schokolade und der Marshmallows füllen. Die Waffelhörnchen anschließend einzeln in Alufolie einwickeln.

3 Die gefüllten Waffelhörnchen in der Alufolie auf dem Grill bei mittlerer Hitze oder im heißen Ofen (Mitte) ca. 7 Min. backen oder grillen, bis alles geschmolzen ist und sich vermischt hat.

speed-TIPP

Mit einer angefeuchteten Schere schnippelst Du die Marshmallows in Rekordzeit klein.

30 MINUTEN

Peanutbutter-Cups
mit Salzflocken

*Die Prise Salz macht den Unterschied.
Nasch Dich glücklich!*

150 g Erdnusscreme
75 g Kokosöl
100 g Zartbitter-Schokolade (mind. 70 % Kakaogehalt)
½ EL Meersalzflocken

Außerdem:
12er-Mini-Muffinform
12 Mini-Papierförmchen

1 Die Muffinförmchen mit den Papierförmchen auslegen. Die Erdnusscreme und 55 g Kokosöl (gut 5 EL) in einem Topf bei kleiner Hitze schmelzen, dabei mit einem Löffel rühren, bis eine einheitliche Masse entsteht.

2 Die Masse in die Papierförmchen füllen, dann in der Muffinform ca. 15 Min. im Tiefkühlfach kalt stellen. In der Zwischenzeit die Schokolade in Stücke brechen und mit den restlichen 20 g Kokosöl schmelzen.

Zum Vernaschen: *12 Stück* / **Zubereitungszeit:** *5 Min.* / **Kühlzeit:** *25 Min.* / **Backzeit:** *0 Min.*
Pro Stück: *165 kcal / 4 g E / 15 g F / 4 g KH*

speed-TIPP

3 Die Schoko-Kokosöl-Mischung auf die gekühlte Erdnusscreme-Mischung in den Förmchen verteilen und alles erneut ca. 10 Min. im Tiefkühlfach kalt stellen.

4 Die Peanutbutter-Cups zum Abschluss mit Meersalzflocken bestreuen.

Wer die salzige Note nicht mag, der hackt ruck, zuck ein paar Erdnüsse und bestreut die Cups damit.

30 MINUTEN

Karamell-Popcorn
wie im Kino

So einfach und so knusprig! Der ultimative Snack für die Party oder den Kinoabend zu Hause.

Zum Verknuspern: *10 Portionen* / **Zubereitungszeit:** *20 Min.* / **Kühlzeit:** *10 Min.*
Pro Portion: *235 kcal / 2 g E / 16 g F / 22 g KH*

---

50 ml Sonnenblumenöl
120 g Popcorn-Mais
125 g Butter
Salz
2 TL Honig
125 g brauner Zucker

Außerdem:
Backblech

1 Das Backblech mit Backpapier auslegen. Das Sonnenblumenöl in einem großen Topf bei mittlerer Hitze erwärmen. Die Maiskörner hineingeben und – ganz wichtig! – den Deckel auf den Topf setzen. Nach 2–3 Min. fangen die Körner an zu poppen. Den Topf dann gelegentlich rütteln, bis alle Maiskörner gepoppt sind.

2 Das fertige Popcorn nebeneinander auf dem Backblech verteilen, nicht gepoppte Maiskörner aussortieren.

3 Während Du das Popcorn machst, in einem zweiten Topf Butter, 1 Prise Salz, Honig und Zucker zum Kochen bringen. Unter Rühren 5–7 Min. kochen lassen, bis sich der Zucker aufgelöst hat. Dann weitere 5–10 Min. offen kochen lassen, bis ein helles Karamell entsteht.

4 Das Karamell über das Popcorn gießen, dabei die Körner mit einem Holzlöffel rühren, sodass sie rundum mit Karamell überzogen sind. Auf dem Blech verteilen und abkühlen lassen.

speed-TIPP

Popcorn gibt es in vielen Supermärkten auch schon fertig gepoppt zu kaufen. Damit ist Dein Snack natürlich noch viel schneller fertig.

Mug-Cake
der Allerschnellste

Yumm ... in 3, 2, 1 ... fertig! Den schaffst Du in der Werbepause.

Zum Auslöffeln: *1 Mug-Cake* / **Zubereitungszeit:** *3 Min.* / **Backzeit:** *1 Min. 40 Sek.*
Pro Stück: *700 kcal / 17 g E / 35 g F / 79 g KH*

---

1 Ei (M)
4 EL Zucker
2 EL Sonnenblumenöl
1 EL Mehl
2 EL Kakaopulver

Außerdem:
1 Tasse

1 Das Ei mit Zucker, Sonnenblumenöl, Mehl und Kakaopulver in eine Tasse geben und mit einer Gabel gut vermischen.

2 Die Tasse bei 700 Watt 1 Min. und 40 Sek. in der Mikrowelle drehen lassen und voilà ... fertig ist die Schokofreude!

Noch schneller geht's nicht! Aber wer die Tasse zum Schluss ausschleckt, spart Zeit beim Abwasch.

speed-TIPP

15 MINUTEN

Crispy Treats
mit Konfetti-Reis

Locker-luftiger Knusper-Puffreis trifft weichen, süßen Marshmallow. Lass es knistern!

60 g Butter
200 g Marshmallows
150 g bunter Puffreis (ersatzweise heller Puffreis)
75 g weiße Kuvertüre
1 EL bunte Streusel

Außerdem:
eckige Backform (15 × 15 cm)

1 Die Butter in einem Topf bei kleiner Hitze schmelzen. Die Hitze reduzieren. Die Marshmallows dazugeben und bei sehr kleiner Hitze unter Rühren schmelzen. Dann den Puffreis dazugeben und unterrühren.

2 Die Marshmallow-Masse in die Backform drücken und im Kühlschrank ca. 5 Min. kalt werden lassen. Inzwischen die weiße Kuvertüre in der Mikrowelle, im Wasserbad oder in einem Topf bei kleiner Hitze schmelzen.

Zum Verknuspern: *6 Stücke* / **Zubereitungszeit:** *10 Min.* / **Kühlzeit:** *5 Min.* / **Backzeit:** *0 Min.*
Pro Stück: *350 kcal / 3 g E / 13 g F / 54 g KH*

3 Die Marshmallow-Masse aus der Form stürzen und in Stücke schneiden. Kuvertüre in feinen Linien darübergeben. Die Crispy Treats mit Streuseln dekorieren.

speed-TIPP

Für schnelle Lollis einen geölten Ausstecher (Blume, Herz oder was Dir gefällt) mit der noch weichen Puffreis-Masse füllen. Die Masse festdrücken und antrocknen lassen. Vorsichtig aus der Form lösen, Lolli-Stiel hineinstecken und Lolli vollständig abkühlen lassen.

30 MINUTEN

Zitronenkuchen
für zwischendurch

In den Mini-Backformen ist der Kuchen gleich nett verpackt und der Abwasch fällt weg. Super!

Zum Vernaschen: *6 Mini-Kuchen* / **Zubereitungszeit:** *10 Min.* / **Backzeit:** *20 Min.*
Pro Stück: *390 kcal / 4 g E / 20 g F / 49 g KH*

2 Bio-Zitronen
125 g weiche Butter
125 g Zucker
2 Eier (M)
100 g Mehl
1 TL Backpulver
100 g Puderzucker

Außerdem:
6 Einweg-Papp-Backformen (8 × 5 cm; Drogeriemarkt)

1 Den Backofen auf 200° vorheizen. Die Zitronen heiß abwaschen, die Schale von beiden Zitronen fein abreiben, 1 Zitrone auspressen.

2 Die Butter und den Zucker mit den Rührbesen des Handrührgerätes cremig rühren. Eier, Zitronenschale und -saft mit Mehl und Backpulver dazugeben und alles zu einem glatten Teig verrühren.

3 Den Teig auf die Papp-Backförmchen verteilen und im heißen Ofen (Mitte) in ca. 20 Min. goldbraun backen. Inzwischen die zweite Zitrone auspressen. So viel Zitronensaft mit dem Puderzucker verrühren, bis ein dicker Zuckerguss entsteht.

4 Die Zitronenkuchen nach dem Backen leicht abkühlen lassen, dann den Zuckerguss mit einem Löffel darüberträufeln.

30 MINUTEN

Kleine Cornflakes-Kuchen
mit Schokolade

Genial einfach und deshalb top für die nächste Spontan-Party im Kinderzimmer.

100 g Zartbitter-Schokolade (mind. 70 % Kakaogehalt)
50 g Butter
3 EL Rübensirup (ersatzweise Honig)
100 g Cornflakes

Außerdem:
6er-Muffinform
6 Papierförmchen

1 Die Schokolade in Stücke brechen und mit der Butter und dem Rübensirup in einem Topf bei kleiner Hitze unter Rühren schmelzen, dann leicht abkühlen lassen.

2 Die Muffinförmchen mit den Papierförmchen auslegen. Die Cornflakes zu der Schoko-Mischung in den Topf geben und mit einem Holzlöffel vorsichtig umrühren, sodass sie nicht zu sehr zerbrechen.

Zum Genießen: *6 Knusper-Kuchen* / **Zubereitungszeit:** *10 Min.* / **Kühlzeit:** *20 Min.* / **Backzeit:** *0 Min.*
Pro Stück: *230 kcal / 3 g E / 14 g F / 23 g KH*

3 Die Mischung auf die Papierförmchen aufteilen. Die Kuchen im Tiefkühlfach ca. 20 Min. kalt stellen.

speed-
TIPP

Statt Butter, Rübensirup und Schokolade kannst Du auch nur schnell eine Kuvertüre schmelzen und mit den Cornflakes mischen.

25 MINUTEN

Fudge-Brownies
frisch aus dem Ofen

Verwandel Deine Küche in ein Schoko-Paradies.
Bei dem Duft schmilzt jeder dahin – wetten?

50 g Nusskerne
   (z. B. Erdnuss- und
   Walnusskerne)
75 g Zartbitter-
   Schokolade
   (mind. 70 % Ka-
   kaogehalt)
75 g Butter
150 g Zucker

150 g Mehl
1 TL Backpulver
2 Eier (M)

Außerdem:
kleine eckige Back-
   form (20 × 20 cm)
Butter für die Form

1 Den Backofen auf 180° vorheizen und die Backform einfetten. Die Nusskerne grob hacken.

2 Die Schokolade in Stücke brechen und mt der Butter schmelzen. Zucker, Mehl und Backpulver untermischen. Die Eier dazugeben und untermischen.

3 Die gehackten Nusskerne bis auf einen kleinen Rest unter den Schoko-Teig mischen.

Zum Vernaschen: *8 Stücke* / **Zubereitungszeit:** *10 Min.* / **Backzeit:** *15 Min.*
Pro Stück: *275 kcal / 4 g E / 13 g F / 35 g KH*

4 Den Teig in die Backform füllen, die übrigen Nusskerne darüberstreuen und alles im heißen Ofen (Mitte) ca. 15 Min. backen. Die Brownies sind noch etwas weich, wenn sie aus dem Ofen kommen. Sie werden beim Abkühlen fester, bleiben aber in der Mitte schön fluffig.

speed-TIPP

Auch mit Cranberrys, Pistazien oder weißen Schokoladentropfen kannst Du ruck, zuck traumhafte Brownies machen: Einfach statt der Nüsse untermischen und dann wie beschrieben backen.

Verpackungen DIY

Hübsch verpackt ist halb gewonnen! Mit diesen schnellen Verpackungen kommen die süßen Backwerke richtig zur Geltung. Und das Selbermachen muss gar nicht lange dauern und erfordert kein aufwändiges Material.

Cookie-Box

Becher-Box

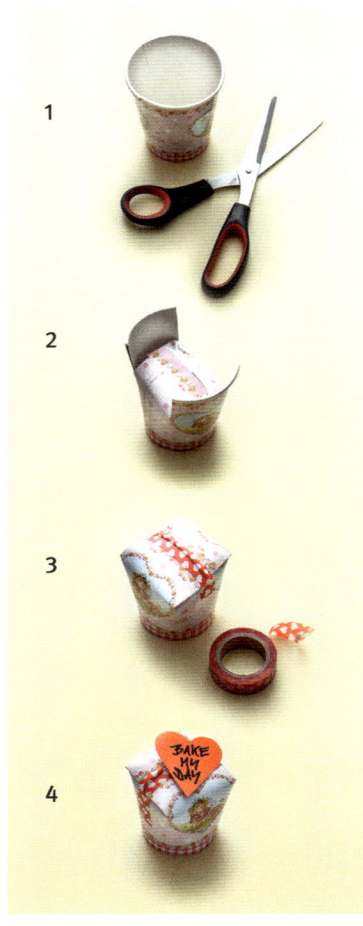

Sternenhäuschen

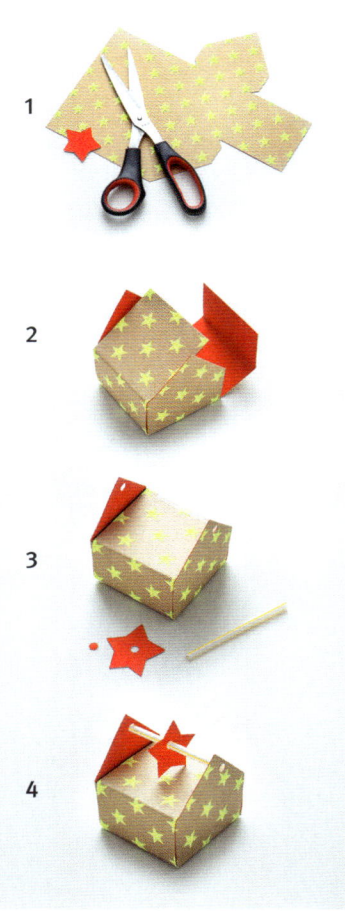

Aus buntem Papier 4 Kreise ausschneiden. Die Kreise in der Mitte falzen. Die Halbkreise so übereinanderlegen und zusammenkleben, dass ein quadratischer Boden entsteht. Cookie drauflegen. Übrige Halbkreise darüberfalten. Geschenkband drumherum binden.

Einen Pappbecher (schöne Designs gibt's beim Partybedarf) am oberen Rand viermal ca. 4 cm tief einschneiden. Kekse einfüllen. Die Becherränder zusammenfalten und mit Masking-Tape fixieren. Nach Belieben noch ein Herzchen mit Spruch aufkleben.

Die Vorlage (http://www.gu.de/selbermachen/downloads/) ausdrucken und ausschneiden. Das Häuschen falzen und kleben. Plätzchen einfüllen. Je ein Loch in den Stern und die Dreiecksspitzen des Häuschens stanzen. Stern mit einem Holzstäbchen am Haus befestigen.

speed-TIPP

Keine Zeit zum Einkaufen? Und kein Geschenkpapier mehr da? Alles kein Problem! Schau Dich doch einfach mal in Deiner Küche um: Auch aus einem Bogen Backpapier oder einem Pappbecher lässt sich eine schöne Verpackung machen.

Popcorn-Tütchen

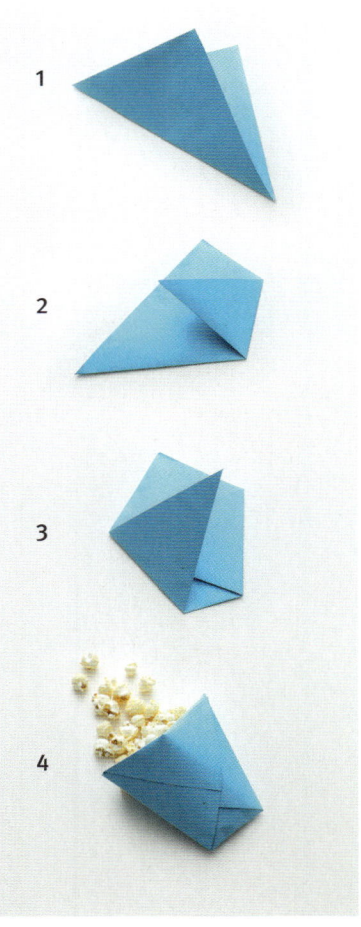

Geschenk im Glas

Eulentüte

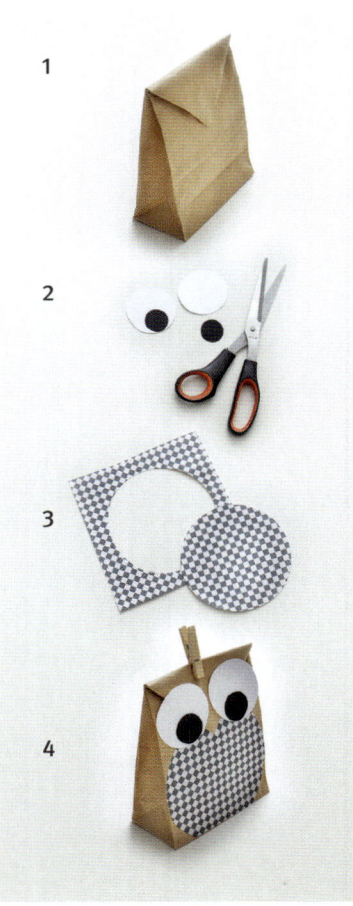

Ein Papierquadrat zum Dreieck falten, mit der Faltkante nach unten vor Dich legen. Die rechte untere Ecke zur Mitte der linken Seite falten. Linke Ecke ebenso nach rechts falten. Obere Spitzen jeweils nach unten umschlagen. Nun lässt sich die Tüte öffnen und füllen.

Um Marmeladengläser in tolle Geschenkverpackungen zu verwandeln, brauchst Du nicht viel mehr als Masking-Tape, Stift und Schere und etwas Fantasie. Die Gläser und/oder Deckel mit dem Klebeband, mit Wimpeln, Fähnchen oder eigenen Kreationen verzieren.

Eine braune Papiertüte oben zu einem Dreieck zusammenfalten und umknicken. Aus kariertem Papier einen Kreis ausschneiden. Aus weißem Papier 2 große und aus schwarzem Papier 2 kleine Kreise ausschneiden. Den Eulenbauch und die Augen auf die Tüte kleben.

10 MINUTEN

S'mores-Sandwich
mit nur drei Zutaten

Knuspriges Treffen zwischen Marshmallow und Schokolade – da kommt Lagerfeuerstimmung auf.

8 kernige Vollkornkekse mit Schokolade (160 g)
40 g Vollmilchschokolade
4 große Marshmallows

Außerdem:
Backblech

1 Den Backofen auf 200° vorheizen und das Backblech mit Backpapier auslegen.

2 Die Vollkornkekse mit der Schokoladenseite nach oben nebeneinander auf das Backblech legen. Schokolade in 4 Stücke teilen.

3 4 Kekse mit je 1 Stück Schokolade, die restlichen 4 Kekse mit je 1 großen Marshmallow belegen.

Zum Snacken: *4 Sandwiches* / **Zubereitungszeit:** *5 Min.* / **Backzeit:** *5 Min.*
Pro Sandwich: *255 kcal / 5 g E / 11 g F / 34 g KH*

4 Die Kekse ca. 5 Min. im heißen Ofen (oben) backen. Dann vorsichtig jeweils 1 Keks mit Schokolade auf 1 Keks mit Marshmallow legen und dabei leicht andrücken, sodass vier Sandwiches entstehen.

speed-TIPP

In Rekordzeit machst Du die Sandwiches in der Mikrowelle: Kekse belegen, auf einem Teller verteilen und Schokolade und Marrshmallows in der Mikrowelle auf höchster Stufe in 10–15 Sek. schmelzen. Dann den Marshmallow-Keks auf den Schokoladen-Keks drücken.

30 MINUTEN

Cookie-Bars
kunterbunt

Fröhliche Schoko-Schnittchen zum Mitnehmen oder gleich Vernaschen.

Zum Vernaschen: *8 Stück* / **Zubereitungszeit:** *5 Min.* / **Backzeit:** *25 Min.*
Pro Stück: *370 kcal / 20 g E / 4 g F / 45 g KH*

120 g gesalzene Butter
150 g brauner Zucker
125 g Mehl
1 Ei (M)
100 g bunte Schokolinsen
100 g Schokoladentropfen

Außerdem:
kleine eckige Backform (20 × 20 cm)
Butter für die Form

1 Den Backofen auf 200° vorheizen und die Backform einfetten. Die Butter in der Mikrowelle oder in einem Topf bei kleiner Hitze schmelzen und mit Zucker, Mehl und dem Ei in eine Schüssel geben.

2 Alles mit den Rührbesen des Handrührgerätes vermengen und anschließend die Schokolinsen und Schokoladentropfen untermischen.

3 Den Teig in die Backform füllen und glatt streichen. Im heißen Ofen (Mitte) 20–25 Min. backen. Dann in acht Stücke schneiden.

speed-TIPP

Out of Schokolinsen? Knusprige Schokokugeln sind eine schnelle und leckere Alternative.

Register

Damit Du Rezepte mit bestimmten Zutaten noch schneller findest, sind in diesem Register auch beliebte Zutaten wie **Beeren** oder **Blätterteig** alphabetisch eingeordnet und hervorgehoben. Darunter findest Du das Rezept Deiner Wahl.

A

Ananas
- Dump-Cake mit Heidelbeeren 8
- Low-Carb-Torte mit Fruchtpower 48
- Südsee-Traum 64

Äpfel
- Apfelrosen 66
- Apple-Pie im Mini-Format 86

B

Backmischung
- Dump-Cake mit Heidelbeeren 8
- Rainbow-Poke-Cake mit Schoko 22

Baisers: Die ultimative Eistorte 42
Baking-Hacks 44, 45, 58, 59, 90, 91
Bananen: Schoko-Bananen-Cookies 100

Beeren
- Beeriger Crumble 102
- Bruffins mit Beeren 94
- Cashew-Brombeer-Stückchen 40
- Die ultimative Eistorte 42
- Dump-Cake mit Heidelbeeren 8
- Erdbeertarte 16
- Happy Birthday! (Kurzrezept) 14
- Heidelbeer-Kuchen mit Croissants 26
- Himbeer-Pizza 92
- Hmmmbeerrolle 82
- Mini-Cheese-Cakes 88
- Sommer im Glas 80

Beeriger Crumble 102

Blätterteig
- Apfelrosen 66
- Hmmmbeerrolle 82
- Schoko-Brot 78
- Schoko-Strudel 76
- Zimtschnecke XXL 74

Brezel-Geister (Kurzrezept) 15
Briocheteig: Bruffins mit Beeren 94
Bruffins mit Beeren 94

Butterkekse
- Happy Birthday! (Kurzrezept) 14
- Keks-Sandwich mit Vanillecreme 34
- Schoko-Popcorn-Kuchen 50

C

Campfire-Cones mit Marshmallows 104
Cantuccini-Kekse: Cheese-Cake im Glas 36

Cashewkerne
- Cashew-Brombeer-Stückchen 40
- Geballte Fruchtpower 35

Cheese-Cake im Glas 36
Clafoutis mit Kirsche 20
Cookie-Bars kunterbunt 122
Cookie-Eis-Sandwich 46
Cookies DIY-Mix (Kurzrezept) 14
Cornflakes-Kuchen, kleine 114
Cotton-Cheese-Cake 54
Crispy Treats mit Konfetti-Reis 110
Croissants: Heidelbeer-Kuchen mit Croissants 26

Croissantteig
- Apple-Pie im Mini-Format 86
- Frischkäse-Plunder 84

D

Datteln
- Cashew-Brombeer-Stückchen 40
- No-Bake-Brownies (Kurzrezept) 15
- Der Kaum-zu-glauben-Kuchen 56
- Die ultimative Eistorte 42
- Dump-Cake mit Heidelbeeren 8

E

Eiscreme
- Cookie-Eis-Sandwich 46
- Der Kaum-zu-glauben-Kuchen 56
- Die ultimative Eistorte 42
- Erdnuss-Toffee-Kuchen 32

Eistorte, die ultimative 42
Eistüten aus Pizzateig 85
Eis-Waffelhörnchen: Campfire-Cones mit Marshmallows 104
Erdbeertarte 16

Erdnusscreme
- Campfire-Cones mit Marshmallows 104
- Erdnuss-Toffee-Kuchen 32
- Peanutbutter-Cups mit Salzflocken 106
- Peanutbutter-Pie mit Lieblingskeksen 12

Erdnuss-Toffee-Kuchen 32
Express-Kekse (Kurzrezept) 14

F

Feigen: Geballte Fruchtpower 35

Frischkäse
- Bruffins mit Beeren 94
- Cheese-Cake im Glas 36
- Cotton-Cheese-Cake 54
- Frischkäse-Plunder 84
- Happy Birthday! (Kurzrezept) 14
- Mini-Cheese-Cakes 88
- Sommer im Glas 80

Frischkäse-Plunder 84

Frühstücks-Waffeln 57
Fudge-Brownies 116

G
Geballte Fruchtpower 35

H
Haferflocken: Schoko-Bananen-Cookies 100
Happy Birthday! (Kurzrezept) 14
Haselnuss-Nugat-Creme
    Cheese-Cake im Glas 36
    Magic Cake mit Nuss-Nugat-Creme 10
    Schoko-Brot 78
Heidelbeer-Kuchen mit Croissants 26
Himbeer-Pizza 92
Hmmmbeerrolle 82

J
Joghurt
    Clafoutis mit Kirsche 20
    Joghurt-Kuchen 27
    Mini-Cheese-Cakes 88

K
Karamellbonbons: Schoko-Karamell-Fudge mit Pekannüssen 62
Karamell-Popcorn 108
Kaum-zu-glauben-Kuchen, der 56
Kekse: s. Vollkornkekse, Schoko-Kekse
Keks-Sandwich mit Vanillecreme 34
Kiwi
    Geballte Fruchtpower 35
    Low-Carb-Torte mit Fruchtpower 48
Kleine Cornflakes-Kuchen 114
Kondensmilch
    No-Bake-Brownies (Kurzrezept) 15
    Rainbow-Poke-Cake mit Schoko 22

Schoko-Karamell-Fudge mit Pekannüssen 62
Kuvertüre
    Crispy Treats mit Konfetti-Reis 110
    Hmmmbeerrolle 82
    Rainbow-Poke-Cake mit Schoko 22
    Schaumküsse DIY 98
    Schoko-Popcorn-Kuchen 50

L
Lebensmittelfarbe
    Pop-Tarts 72
    Rainbow-Poke-Cake mit Schoko 22
Limo-Kuchen express 24
Löffelbiskuits: Sommer im Glas 80
Low-Carb-Torte mit Fruchtpower 48

M
Magic Cake mit Nuss-Nugat-Creme 10
Mandeln
    Clafoutis mit Kirsche 20
    Geballte Fruchtpower 35
    Himbeer-Pizza 92
    No-Bake-Brownies (Kurzrezept) 15
    Sheet-Cake mit Mandeln 18
Marshmallows
    Campfire-Cones mit Marshmallows 104
    Crispy Treats mit Konfetti-Reis 110
    Popcorn-Cake mit Schokolinsen 68
    Rocky-Road-Cake 38
    S'mores-Sandwich mit nur drei Zutaten 120
Mascarpone
    Himbeer-Pizza 92
    Sommer im Glas 80
Melonen: Low-Carb-Torte mit Fruchtpower 48
Mini-Cheese-Cakes 88

Mug-Cake 109
Mürbeteig: Express-Kekse (Kurzrezept) 14

N
No-Bake-Brownies (Kurzrezept) 15
No-Fuss-Cookies (Kurzrezept) 15
Nüsse
    Apple-Pie im Mini-Format 86
    Cashew-Brombeer-Stückchen 40
    Cookie-Eis-Sandwich 46
    Cookies DIY-Mix (Kurzrezept) 14
    Fudge-Brownies 116
    No-Bake-Brownies (Kurzrezept) 15
    Schoko-Karamell-Fudge mit Pekannüssen 62
Nuss-Nugat-Creme: s. Haselnuss-Nugat-Creme
Nuss-Pralinen: Schoko-Kuchen mit Knusper-Kick 28

P
Peanutbutter-Cups mit Salzflocken 106
Peanutbutter-Pie mit Lieblingskeksen 12
Pizzateig: Eistüten aus Pizzateig 85
Popcorn
    Popcorn-Cake mit Schokolinsen 68
    Schoko-Popcorn-Kuchen 50
Popcorn-Mais: Karamell-Popcorn 108
Pop-Tarts 72
Puffreis: Crispy Treats mit Konfetti-Reis 110

Q
Quiche- und Tarte-Teig: Pop-Tarts 72

R
Rainbow-Poke-Cake mit Schoko 22
Raw Kiwi-Cake 35
Rocky-Road-Cake 38

S

S'mores-Sandwich mit nur drei Zutaten 120

Sahne
- Cheese-Cake im Glas 36
- Erdbeertarte 16
- Erdnuss-Toffee-Kuchen 32
- Frühstücks-Waffeln 57
- Keks-Sandwich mit Vanillecreme 34
- Mini-Cheese-Cakes 88
- Peanutbutter-Pie mit Lieblingskeksen 12
- Sheet-Cake mit Mandeln 18

Schaumküsse DIY 98
Schoko-Bananen-Cookies 100
Schoko-Brot 78
Schoko-Karamell-Fudge mit Pekannüssen 62

Schoko-Kekse
- Die ultimative Eistorte 42
- Erdbeertarte 16
- Peanutbutter-Pie mit Lieblingskeksen 12

Schoko-Kuchen mit Knusper-Kick 28
Schoko-Kuchen mit nur drei Zutaten 60
Schokolade: s. Vollmilch-, weiße und Zartbitter-Schokolade

Schokoladentropfen
- Cookie-Bars kunterbunt 122
- Schoko-Bananen-Cookies 100

Schoko-Lava-Kuchen 63

Schokolinsen
- Cookie-Bars kunterbunt 122
- Popcorn-Cake mit Schokolinsen 68

Schoko-Popcorn-Kuchen 50
Schoko-Strudel 76
Sheet-Cake mit Mandeln 18
Sommer im Glas 80
Südsee-Traum 64

T

Toffees: Erdnuss-Toffee-Kuchen 32

V

Vanillejoghurt: Heidelbeer-Kuchen mit Croissants 26
Vanille-Sahnepudding: Keks-Sandwich mit Vanillecreme 34
Verpackungen DIY 118, 119

Vollkornkekse
- Rocky-Road-Cake 38
- S'mores-Sandwich mit nur drei Zutaten 120

Vollmilch-Schokolade
- Erdbeertarte 16
- Rocky-Road-Cake 38
- S'mores-Sandwich mit nur drei Zutaten 120
- Schoko-Strudel 76

W

Waffelhörnchen: Campfire-Cones mit Marshmallows 104
Waffeln, Frühstücks- 57

Weiße Schokolade
- Brezel-Geister (Kurzrezept) 15
- Cheese-Cake im Glas 36
- Cookies DIY-Mix (Kurzrezept) 14
- Cotton-Cheese-Cake 54

Z

Zartbitter-Schokolade
- Campfire-Cones mit Marshmallows 104
- Cookies DIY-Mix (Kurzrezept) 14
- Erdbeertarte 16
- Erdnuss-Toffee-Kuchen 32
- Fudge-Brownies 116
- Kleine Cornflakes-Kuchen 114
- Peanutbutter-Cups mit Salzflocken 106
- Peanutbutter-Pie mit Lieblingskeksen 12
- Rocky-Road-Cake 38
- Schoko-Karamell-Fudge mit Pekannüssen 62
- Schoko-Kuchen mit Knusper-Kick 28
- Schoko-Kuchen mit nur drei Zutaten 60
- Schoko-Lava-Kuchen 63

Zimtschnecke XXL 74
Zitronenkuchen 112

APPETIT AUF MEHR?

ISBN 978-3-8338-7078-1

ISBN 978-3-8338-7222-8

ISBN 978-3-8338-7367-6

ISBN 978-3-8338-7578-6

ISBN 978-3-8338-7553-3

ISBN 978-3-8338-7542-7

 Auch als eBook erhältlich.

Mehr von GU auf www.gu.de und facebook.com/gu.verlag

© 2020 GRÄFE UND UNZER VERLAG GmbH, München
Alle Rechte vorbehalten. Nachdruck, auch auszugsweise, sowie die Verbreitung durch Film, Funk, Fernsehen und Internet, durch fotomechanische Wiedergabe, Tonträger und Datenverarbeitungssysteme jeglicher Art nur mit schriftlicher Genehmigung des Verlages.
Unveränderter Nachdruck des Buches »Crazy Speedy Cakes« (ISBN 978-3-8338-5881-9) von 2017.

Projektleitung: Verena Kordick
Lektorat: Susanne Bodensteiner
Korrektorat: Christin Geweke
Innen- und Umschlaggestaltung: independent Medien-Design, Horst Moser, München
Herstellung: Susanne Fuhrmann
Satz: Christopher Hammond
Reproduktion: medienprinzen GmbH, München
Druck und Bindung:
aprinta druck, GmbH, Wemding
Printed in Germany

Syndication:
www.seasons.agency

1. Auflage 2020
ISBN 978-3-8338-7544-1

Die Autorin
Sandra Schumann ist Foodstylistin und Rezeptautorin. Ihre Leidenschaft für alles Kulinarische führte sie für einige Jahre nach Paris, wo sie bei verschiedenen Verlagen und Magazinen Kochbücher und Artikel veröffentlichte. Bei GU veröffentlichte Sandra Schumann bereits mehrere Backbücher – und zeigt dieses Mal, wie man trotz Zeitmangel lecker backen kann.

Der Fotograf
Mathias Neubauer ist Foodfotograf und Grafikdesigner, er arbeitet für internationale Buchverlage und Magazine wie den FEINSCHMECKER. In seinem Studio hatte er zusammen mit **Andreas Neubauer** (Foodstyling) viel Spaß, die ausgefallenen Kuchen-Kreationen zu stylen und witzig in Szene zu setzen.

Bildnachweis
Autorenfoto: privat, alle anderen Fotos: Mathias Neubauer

Umwelthinweis:
Dieses Buch ist auf PEFC-zertifiziertem Papier aus nachhaltiger Waldwirtschaft gedruckt.

Liebe Leserin, lieber Leser,
haben wir Ihre Erwartungen erfüllt? Sind Sie mit diesem Buch zufrieden? Haben Sie weitere Fragen zu diesem Thema? Wir freuen uns auf Ihre Rückmeldung, auf Lob, Kritik und Anregungen, damit wir für Sie immer besser werden können.

GRÄFE UND UNZER Verlag
Leserservice
Postfach 86 03 13
81630 München
E-Mail:
leserservice@graefe-und-unzer.de

Telefon: 00800 / 72 37 33 33*
Telefax: 00800 / 50 12 05 44*
Mo–Do: 9.00 – 17.00 Uhr
Fr: 9.00 – 16.00 Uhr
(* gebührenfrei in D, A, CH)

Ihr GRÄFE UND UNZER Verlag
Der erste Ratgeberverlag – seit 1722.

Backofenhinweis:
Die Backzeiten können je nach Herd variieren. Die Temperaturangaben in unseren Rezepten beziehen sich auf das Backen im Elektroherd mit Ober- und Unterhitze und können bei Gasherden oder Backen mit Umluft abweichen. Details entnehmen Sie bitte Ihrer Gebrauchsanweisung.

GRÄFE UND UNZER

Ein Unternehmen der
GANSKE VERLAGSGRUPPE

 www.facebook.com/gu.verlag